AI 시대,
봉기자가 본
독일 언론과
민주주의

인천투데이

김갑봉
지음

차 례

프롤로그 ... 10

1장 독일 언론의 역사와 구조

01. 독일 언론의 역사적 발전과 도전 ... 17
02. 독일 주요 언론사의 특징과 역할 ... 31
03. 현대 독일 언론의 구조와 변화 ... 47

2장 독일의 지역 언론과 연방제

04. 독일 연방제와 지방분권, 지역 언론 발전의 토대 ... 65
05. 도르트문트공대 저널리즘학과
    "지역 언론은 풀뿌리 민주주의의 근간" ... 81
06. 민영방송 TV베를린 "지역성 기반 콘텐츠로 승부" ... 91
07. WDR 에센스튜디오 "지역 밀착 보도 시청률 35%" ... 97

3장 독일 언론의 혁신과 도전

08. 독일 신문의 위기와 혁신 노력 그리고 한국 언론 — 107
09. 베를리너 차이퉁(Berliner Zeitung), 디지털 전환 '혁신' 돌파 모색 — 117
10. 디지털 혁신으로 활로 찾는 라이니쉬 포스트 (Rheinische Post) — 127

4장 독일 언론의 새로운 모델

11. 협동조합 정론지 타츠(taz), 저널리즘의 새 길을 묻다 — 139
12. 비판부터 해결까지 솔루션 저널리즘 본인스티튜트 — 147
13. 시민의 새로운 선택지 독립 언론 피어눌(Pinol) — 155

5장 독일 미디어 교육과 민주주의 평생교육

14. 베를린 커뮤니케이션박물관, 124년 역사의 살아있는 증인   167
15. 베를린 커뮤니케이션박물관 : 동·서독 분단 방송은 이념의 전장   175
16. 민주주의 교육 장소 베를린 커뮤니케이션박물관   187
17. 민주주의 실현의 든든한 토대 독일연방정치교육원   197

6장 독일 언론이 한국에 주는 시사점

18. 금속활자는 독일보다 '200년 빠른 한국', 언론은 늦어   207
19. 독일 공영방송 구조에선 이진숙 방통위원장 불가능   219
20. 인공지능 시대, 독일 언론과 방송이 한국에 시사하는 길   231

7장 독일 민주주의와 연방제 그리고 지방분권

21. 독일 연방제의 역사와 발전 과정 ... 249
22. 독일 연방제의 권력구조와 운영 체계 ... 259
    [부록] 독일 국민의 주권자 권리 행사와 사법 영역 통제 ... 267
23. 독일의 분야별 지방분권 사례 ... 275
24. 한국의 10차 개헌에 주는 시사점 ... 285

8장 AI 시대 지역 언론과 민주주의

25. AI 대전환기 지역 언론의 생존 전략 ... 297
26. AI 저널리즘, 신뢰 지킬 윤리규범 필요 ... 309
27. 글로벌 AI 패권경쟁, 미디어도 격변기 ... 319
28. AI 시대, 민주주의 수호가 언론의 핵심 가치 ... 327

인천투데이 AI 활용 윤리와 보도준칙 ... 342
에필로그 ... 347

프롤로그

AI가 사회 전반을 빠르게 바꾸고 있다. 언론도 예외가 아니다. AI 기술이 정보 생산과 유통 방식을 혁신적으로 바꾸면서 언론의 본질인 민주주의 수호와 정확한 정보 전달이 더 중요해졌다.

2023년 한국언론진흥재단이 주관한 독일 로컬저널리즘 연수를 토대로 독일 언론의 역사와 현황, AI 시대 독일 언론의 혁신과 도전을 살펴봤다. 400여 년 언론 역사를 자랑하는 독일은 연방제 국가 특성상 지역 언론이 중요한 역할을 해왔다. AI 시대에도 독일 언론은 민주주의 근간을 지키며 독립성과 공정성을 유지하고 있다.

독일 공영방송은 AI 시대에도 민주주의 수호자 역할을 하고 있다. ARD와 ZDF 같은 공영방송은 방송사 운영 구조부터 정치적 독립성과 공정성을 보장받는다. 이사회엔 주 정부와 주 의회뿐 아니라 시민단체, 노조, 종교계, 교육계, 문화계 등 다양한 이해관계자가 참여해 방송 정책과 방향을 결정한다.

공영방송 감독위원회는 방송사 재정과 경영을 감시하며, 수신료로 재정을 충당해 방송 독립성을 보장한다. 독일은 법은 방송 독립성을 헌법으로 보장하며, 권력 균형과 견제로 민주주의 가치를 지킨다. 이는 나치 시대 정권의 선전도구로 전락했던 독일 언론의 역사적 경험과 교훈에 기인한 것이다.

AI 시대 독일 언론은 디지털 전환과 민주주의적 역할 강화에 주력하고 있다. 도이체벨레와 바이에른 방송은 AI로 시청자 선호도를 분석하고 맞춤형 프로그램을 제공하면서도 객관성과 공정성 유지에 힘쓴다.

라이니쉬 포스트(Rheinische Post)는 '디지털 퍼스트' 전략으로 AI 활용 뉴스 생산과 맞춤형 서비스를 제공하는 한편 심층 보도와 분석에 중점을 둔다. 독일 언론은 AI와 인간 기자의 협력으로 기술 발전과 저널리즘 본질을 조화시키고 있다.

독일 공영방송과 언론의 민주주의적 운영 모델은 한국 언론에 중요한 시사점을 준다. 다양한 이해관계자의 참여와 정치적 독립성 보장은 한국 공영방송이 따라야 할 모범이다. 이사회와 감독위원회의 이원화 구조는 언론 독립성과 권력 견제에 필수적이다.

본 인스티튜트가 추진하는 컨스트럭티브 저널리즘은 사회 문제 비판을 넘어 해결책을 제시하는 저널리즘을 지향한다. 이는 언론의 사회적 책임과 신뢰성 제고에 기여한다. 한국 언론도 비판과 함께 대안을 제시하는 건설적 저널리즘으로 독자 신뢰를 회복하고 민주주의 발전에 이바지할 수 있다.

AI 시대 언론은 기술 발전으로 효율성을 높이되 민주주의 수호와 독립성이란 본질을 잃지 말아야 한다. 독일의 공영방송 모델과 AI 활용 사례는 한국 언론이 디지털 전환과 AI 도입으로 더 나은 저널리즘을 실천할 방향을 제시한다.

언론은 민주주의의 핵심 수호자다. AI 시대에도 언론의 독립성, 공정성, 사회적 책임은 더욱 강조돼야 한다. 독일 사례를 통해 AI 시대 한국 언론이 나아갈 길을 모색하고 언론의 본질적 역할을 되새겨본다.

더 나아가, AI 시대 한국 언론은 10차 개헌 논의에서도 균형 잡힌 여론과 공론장을 형성해야 한다. 한국은 수도권 집중과 지역 불균형, 인구 소멸, 지방 소멸의 위기를 겪고 있다. 독일의 민주주의 제도와 연방제, 지방분권, 수도 이전, 권력 구조 개편 사례는 한국이 처한 위기를 해결하는 데 참고할 만한 사례다. 인구 규모나 경제성, 분단에서 통일 과정을 거친 역사가 한국과 똑 같다고 할 순 없지만 유사한 지점들이 많다.

독일 연방제는 통일 이후 지역 균형 발전과 국민 통합을 이끌었다. 연방 정부를 구성하는 주 정부 16개는 자치와 직접민주주의로 지방분권을 완성했고, 지방자치는 지역 간 갈등 완화에 기여하고 있다. 한국도 이 사례들을 재해석해 지방분권과 권력구조 개편을 설계해야 한다.

언론은 개헌 논의를 국민에게 정확히 전달하고 합의를 도출하는 데 앞장서야 한다. AI 시대 언론은 민주주의의 수호자이자 개헌이라는 시대적 과제의 촉진자가 돼야 한다.

끝으로 이 책이 나올 수 있게 도움을 주고 배려해 준 한국언론진흥재단과 인천투데이에 고맙고 감사하다. 편집하느라 고생한 홍다현 전 인천투데이 편집기자와 디자인센터 산 김종일 대표와 강현희 디자이너에게도 무척 감사하다.

1장

독일 언론의 역사와 구조

독일 언론은 약 400년 역사를 지닌다. 아우크스부르크에서 발행된 세계 최초 정기간행물 '렐라치온'에서 시작해 공영방송과 민영방송이 함께 발전했다. 독일 언론은 디지털 전환 속에서도 독립성과 다양성을 지키며, 새로운 혁신을 끊임없이 시도하고 있다. 이러한 과정 속에서 독일의 언론 구조는 변화와 도전을 이어가고 있다.

01

독일 언론의
역사적 발전과 도전

독일 언론 역사

16세기 독일에서 요한 카롤루스가 발행한 '렐라치온'은 세계 최초의 정기간행물로, 독일 언론의 시작을 알렸다. 이 신문은 유럽 전역의 소식을 전달하며 근대 신문의 기틀을 다졌고, 이후 여러 도시에서 유사한 간행물이 등장했다. 계몽주의와 자유주의 시대에는 언론이 인권, 자유, 평등을 논하며 사회 변화를 이끄는 역할을 했다.

20세기 초에는 독일 언론이 황금기를 맞아 수많은 신문을 발행했으나, 나치 정권 시기에는 언론 자유가 심각하게 제한되고 탄압받았다.

제2차 세계대전 이후 서독은 언론 자유를 복원하고 발전시켰던 반면, 동독은 공산주의 체제 하에서 언론을 통제했다. 1990년 통일 이후, 동독의 언론은 서독의 자유 언론 체제로 통합됐다.

최근 독일 언론은 디지털화와 가짜뉴스 문제 등 새로운 도전에 직면하고 있지만, 독립성과 다양성을 유지하며 혁신을 이어가고 있다.

16세기, 최초의 정기간행물 탄생

▲ 1605년에 독일어로 발행된 '렐라치온' 표지 〈1609년 발행본〉 (출처 위키피디아).

독일 언론의 시작은 1605년 아우크스부르크(Augsburg)에서 발행된 '렐라치온(Relation)'으로 거슬러 올라간다. 요한 카롤루스(Johann Carolus)에 의해 발행된 이 신문은 세계 최초의 정기간행물 중 하나로 평가받는다. '렐라치온'은 주로 유럽 전역의 소식을 독자들에게 전달했다. 이는 근대적 의미의 신문 탄생을 알리는 신호탄이었다.

이 시기 신문은 주로 수작업으로 인쇄했고, 페이지 수도 제한적이었다. 내용은 주로 중요한 사건들의 요약과 해설로 구성됐다. '렐라치온'의 성공은 다른 도시에서도 유사한 정기간행물의 발행을 촉진했으며, 이는 현대 신문의 기틀을 마련하는 데 중요한 역할을 했다.

▲ 독일 베를린 지역 언론 베를리너 차이퉁 사옥에서 바라본 과거 동독 공영방송이 운영했던 방송 송신탑이다. 현재는 회전식 식당으로 사용되고 있다.

계몽주의와 자유주의 시대, 언론의 역할 확대

17세기에서 18세기에 걸친 계몽주의 시대는 독일 언론에 큰 변화를 가져왔다. 이 시기 신문들은 자유와 평등, 인권 등의 이념을 널리 전파하는 역할을 했다. 신문은 정치적 논쟁과 철학적 토론의 장을 제공해 사회 변화를 이끄는 중요한 매체로 자리잡았다.

이 시기의 주요 신문으로는 함부르크(Hamburg)에서 발행한 '함부르기셔 코레스폰덴트(Hamburgischer Correspondent)'와 라이프치히(Leipzig)에서 발행한 '라이프치거 차이퉁(Leipziger Zeitung)' 등이 있다. 이 신문들은 단순한 사건 보도를 넘어 정치, 철학, 문학 등 다양한 주제를 다루며 독자들의 지적 욕구를 충족시켰다.

산업혁명과 언론의 비약적 발전

산업혁명은 독일 언론 발전에 큰 영향을 미쳤다. 인쇄 기술 발달과 철도망 확장으로 신문 발행과 배포가 용이해졌다. 로터리 인쇄기 같은 새로운 기술이 도입되면서 신문의 대량 생산이 가능해졌고, 이는 독자층의 확대로 이어졌다. 이 시기 주요 신문으로는 '디 알게마이네 차이퉁(Die Allgemeine Zeitung)'과 '프랑크푸르터 차이퉁(Frankfurter Zeitung)'이 있다. 특히 '디 알게마이네 차이퉁'은 정치, 경제, 문화 전반에 걸친 보도를 제공했고, 자유주의적 논조로 유명했다. '프랑크푸르터 차이퉁'은 고급 지식층을 대상으로 하여 심층 분석을 포함한 고품질 저널리즘을 제공했다.

20세기 초, 독일 언론의 황금기

20세기 초반은 독일 언론의 황금기라고 할 수 있다.
1914년 제1차 세계대전 직전 독일에는 약 4000개의 신문이 발행되고 있었다. 현재는 340여 개이고, 이중 306개가 지역 언론이다. 신문은 정치적, 경제적, 문화적 정보를 전달하는 주요 매체로 자리잡으며 사회의 다양한 목소리를 대변했다.

이 시기에는 다양한 정치적 스펙트럼을 반영하는 신문들이 존재했다. 자유주의, 사회주의, 공산주의, 보수주의 등 다양한 이념을 지지하는 신문들이 발행됐다. 이는 당시 독일 사회의 다양성과 역동성을 잘 보여주는 현상이었다.

나치 정권과 언론 탄압의 시기

그러나 이러한 독일 언론의 발전은 나치 정권의 등장과 함께 큰 위기를 맞게 된다. 1933년부터 1945년까지 지속된 나치 정권 시기에 독일 언론은 심각한 탄압을 받았다. 언론의 자유가 크게 제한됐고, 모든 신문은 나치 정권의 선전 도구로 전락했다.

요제프 괴벨스(Joseph Goebbels)가 이끄는 나치 선전부는 언론을 통해 나치 이념을 선전하고 반대 의견을 억압했다. '데어 슈투르머(Der Stürmer)'와 'Völkischer Beobachter(펠키셔 베오바흐터)' 같은 신문들이 나치 선전을 위한 주요 도구로 활용됐다.

이 시기 독일 언론은 독립성과 자유를 완전히 상실한 채, 정권의 이데올로기를 전파하는 수단으로 전락했다.

▲ 베를린 커뮤니케이션박물관에 전시된 나치 독일 당시 프로파간다 활용 라디오(사진 KPF 디플로마 연수단).

프로파간다의 힘을 극대화한
악명 높은 정치인 요제프 괴벨스

요제프 괴벨스는 나치 독일에서 선전과 선동의 달인으로 불린 인물이다. 1897년 독일에서 태어난 그는 1945년 히틀러와 함께 베를린 지하 벙커에서 최후를 맞이했다.

괴벨스는 1921년 하이델베르크 대학에서 문헌학 박사 학위를 받은 뒤 1924년 나치당에 입당했다. 1926년 베를린 지역 나치당 지도자로 임명된 그는 프로파간다의 중요성을 깨닫고 이를 적극 활용했다.

1933년 나치 정권 수립 후 그는 선전부 장관으로 임명됐다. 괴벨스는 라디오와 영화 등 새로운 매체를 이용해 나치 이데올로기를 효과적으로 전파했다. 특히 반유대주의 선전에 주력해 홀로코스트의 토대를 마련하는 등 악명을 떨쳤다.

▲ 독일 연방문서보관소에 보관된 요제프 괴벨스 사진 〈Bundesarchiv Bild 146-1968-101-20A〉 (출처 위키피디아).

제2차 세계대전 말기 괴벨스는 '총력전'을 주장하며 전쟁 수행에 모든 역량을 집중할 것을 촉구했다. 하지만 독일의 패색이 짙어지자 1945년 5월 1일 베를린에서 가족과 함께 자살로 생을 마감했다.

괴벨스의 선전 기법은 오늘날까지 연구 대상이다. 그는 대중의 감정을 자극하고 거짓을 반복해 진실처럼 믿게 만드는 선동의 기술을 보여줬다.

역사학자들은 괴벨스 사례를 통해 프로파간다의 위험성을 경고한다.

그가 남긴 어두운 유산은 정보 조작과 가짜뉴스가 범람하는 현대 사회에도 시사하는 바가 크다.

괴벨스의 삶은 선전 선동이 얼마나 그릇되고 편향된 방향으로 역사를 움직이는 사회·정치적 도구로써 큰 위험을 초래할 수 있는지 보여주는 역사적 사례다. 그의 행적은 민주주의 사회에서 언론과 표현의 자유가 중요한 이유와 더불어 비판적 사고의 필요성을 일깨워준다.

전후 시기, 언론의 재건과 분단

제2차 세계대전 이후 독일이 동서로 분단되면서 언론 환경도 크게 달라졌다. 서독은 연합국의 지원 아래 민주주의와 언론의 자유를 복원하고 유지한 반면, 동독은 소련의 영향 아래 공산주의 정부가 들어서면서 언론이 엄격한 통제 하에 놓이게 됐다.

서독에는 나치 독재의 경험을 반면교사로 삼아 언론의 독립성과 자율성을 중시하는 분위기가 조성됐다. 이는 서독 사회의 민주주의 발전과 함께 언론의 역할을 강화하는 데 중요한 바탕이 됐다. 주요 신문사들의 재설립과 다양한 의견을 반영하는 언론 매체의 등장으로 서독은 자유로운 언론 환경을 갖추게 됐다.

반면 동독에서는 모든 언론이 국가의 철저한 통제 아래 운영됐다. 동독 정부는 언론을 선전 도구로 활용하며 공산주의 이념을 전파하고 서방 세계를 비판하는 내용을 주로 다뤘다. '노이에스 도이칠란트(Neues Deutschland)'와 같은 신문은 독일사회주의통일당(SED, 에스에데)의 공식 기관지 역할을 했고, 모든 언론 매체는 엄격한 검열과 통제를 받았다.

동독 언론은 독립성과 자율성을 완전히 상실한 채 정부의 이데올로기 선전 수단으로 전락했다. 결국 동독 주민들에게 일방적인 정보만을 전달하면서 언론의 비판 기능이 전혀 작동하지 못하는 환경을 조성했다. 이 때문에 현재 동독 지역 사람들한테선 언론을 불신하는 경향이 나타난다.

통일 이후 독일 언론의 변화

1990년 독일 통일 이후 동독(독일 민주공화국)의 언론 체제는 서독(독일 연방공화국)의 자유 언론 체제로 통합됐다. 이 과정에서 많은 언론사들이 폐간되거나 서독 언론사에 인수됐다. 서독의 대형 언론사들은 동독 지역으로 진출해 기존 동독 언론사들을 인수하거나 대체했다. 동독 지역의 언론 환경은 급격한 변화를 겪을 수밖에 없었다.

동독 주민들은 서독의 자유로운 언론 체제에 적응해야 했고, 이는 정보 접근성과 표현의 자유에 큰 변화를 가져왔다. 그러나 이 과정에서 동독 지역의 고유한 언론 정체성은 크게 상실돼 지역 매체의 다양성이 줄어드는 결과를 낳았다. 1990년 통일 이후 동독 지역의 언론 환경은 서

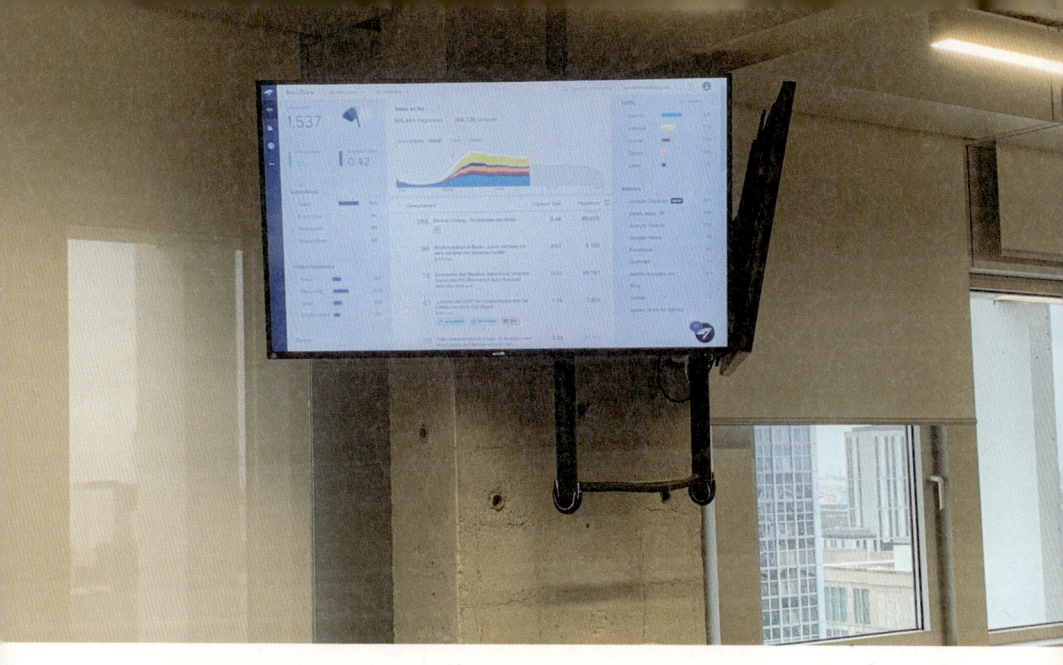

▲ 베를리너 차이퉁(Berliner Zeitung) 편집국 내 설치된 실시간 기사 조회수와 지역별 접속량 등을 모니터링하는 화면.

독의 모델을 따르게 됐지만, 동서간 경제적·사회적 격차는 언론에도 영향을 미쳤다.

특히 통일 이후 동독 지역에서 극우 성향의 정치와 언론이 확산되는 추세다. 최근 독일의 극우 정당인 '독일을 위한 대안(AfD)'이 동독 지역에서 급격히 지지를 얻으며 정치적 영향력을 확대하고 있다.

이는 동독 지역이 처한 경제적 어려움, 역사적 배경, 그리고 이민 문제에 대한 반발과 깊은 연관이 있다. 더불어 극우 성향의 언론 매체도 동독 지역에서 강세를 보이고 있어 민주주의와 언론의 독립성에 대한 우려의 목소리가 커지고 있다.

이러한 현상은 동독 지역뿐만 아니라 서독 지역으로도 확산되며 독일 전체의 정치 지형에 큰 변화를 가져오고 있다.

디지털 시대, 새로운 도전에 직면한 독일 언론과 온라인 뉴스의 부상

21세기에 들어 독일 언론은 디지털화라는 새로운 도전에 직면했다. 인터넷의 전면 보급과 스마트폰의 등장으로 뉴스 소비 패턴이 크게 변화하면서 전통적인 언론사들의 적응기가 불가피해졌다.

많은 신문사들이 온라인 버전을 운영하기 시작했고, 디지털 구독자 수가 증가하고 있다. 프랑크푸르터 알게마이네 차이퉁(FAZ), 쥐드 도이체 차이퉁(SZ), 디 벨트(Die Welt) 등 주요 신문들은 각각의 온라인 플랫폼을 통해 뉴스를 제공하면서 모바일 애플리케이션도 운영하고 있다. 언제 어디서나 뉴스를 접할 수 있게 된 독자들은 전통적인 신문보다 더 빠르고 다양하게 정보를 얻을 수 있게 됐다.

가짜 뉴스와의 전쟁

디지털 시대 또 다른 도전은 가짜 뉴스의 확산이다.

가짜 뉴스는 디지털 플랫폼을 통해 빠르게 퍼지고 있으며, 잘못된 정보가 대중에게 악영향을 미치고 있다. 독일 언론은 이에 대응하기 위해 팩트체크 시스템을 강화하고, 미디어 리터러시 교육을 확대하는 등 적극적인 노력을 기울이고 있다. 특히, 주요 언론사들은 독자들에게 신뢰할 수 있는 정보를 제공하기 위해 자체 팩트체크팀을 운영해 잘못된 정보를 바로잡는 데 주력하고 있다.

변화와 도전 속에서도 이어지는 독일 언론의 전통

독일 언론은 400년이 넘는 역사 속에서 수많은 변화와 도전을 겪어왔다. 그 과정에서 언론 자유와 독립성을 지키기 위한 노력을 계속해왔다. 제2차 세계대전 이후 동서로 분단된 상황에서도 서독의 자유 언론과 동독의 통제된 언론은 다른 방식으로 각각의 역할을 수행했다. 통일 이후에는 동독의 언론 환경이 서독의 자유 언론 체제로 통합되면서 새로운 도전에 직면했다. 디지털화와 가짜 뉴스 확산 등 새로운 문제들이 나타났지만, 독일 언론은 그동안 축적해온 전통과 경험을 바탕으로 이를 극복해 나갈 것이다. 독일 언론의 이러한 역사적 발전과 도전 과정은 다른 나라들에도 중요한 시사점을 제공한다.

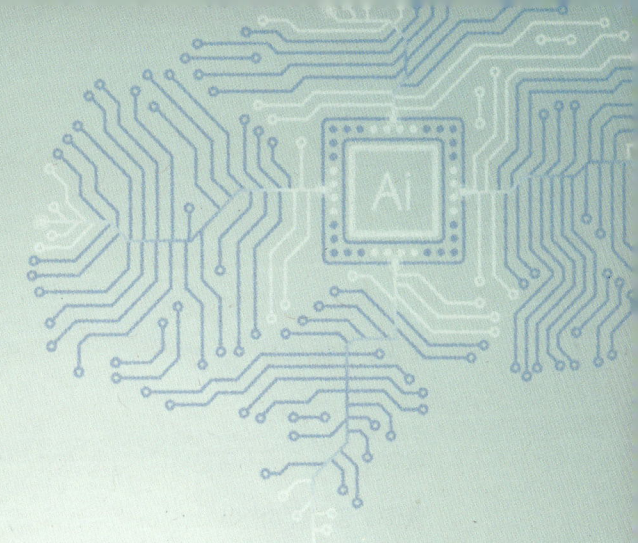

02

독일 주요 언론사의 특징과 역할

독일 언론의 특징

독일의 주요 언론사들은 각기 다른 성향과 역할로 독일 사회에 중요한 영향을 미친다.

보수 성향의 '프랑크푸르터 알게마이네 차이퉁(FAZ)'은 정치와 경제에 깊이 있는 분석을 제공하며, 독립적인 보도를 지향한다.

진보 성향의 '쥐드도이체 차이퉁(SZ)'은 사회적 정의와 인권 문제에 주목하며, 탐사 보도로 유명하다.

'디 벨트(Die Welt)'는 자유주의적 시각으로 국제 및 경제 뉴스를 중점적으로 보도하며, '빌트(Bild)'는 선정적 보도와 대중적 접근 방식으로 많은 독자를 확보하고 있다.

공영방송 아알데(ARD)와 체트데에프(ZDF)는 공정성과 독립성을 유지하며 독일 전역에 다양한 프로그램을 제공한다. 도이체 프레세-아겐투어(DPA)는 독일 최대 통신사로, 세계 100여 개국에서 뉴스를 제공하며 독일 언론의 기반을 이루고 있다.

Frankfurter Allgemeine
ZEITUNG FÜR DEUTSCHLAND

▲ 프랑크푸르터 알게마이네 차이퉁(Frankfurter Allgemeine Zeitung) 로고 이미지.

보수의 대표주자, 에프아쩨트(FAZ, Frankfurter Allgemeine Zeitung, 프랑크푸르터 알게마이네 차이퉁)

에프아쩨트(FAZ, Frankfurter Allgemeine Zeitung, 프랑크푸르터 알게마이네 차이퉁)는 1949년 11월 1일에 창간한 독일의 대표적 보수 성향 일간지다. 제2차 세계대전 후 독일의 재건과 민주주의 확립을 목표로 설립됐으며, 독일 헤센주 프랑크푸르트(Frankfurt)에서 발행된다.

FAZ는 창간 이후 신뢰성과 깊이 있는 분석 기사로 독일과 국제 독자들 사이에서 높은 평판을 얻었다. 특히 경제와 정치 분야의 심층적인 분석 기사로 유명하다. 보수적인 성향을 띠고 있으며, 경제·정치 분석에 신중하고 보수적인 견해를 반영한다.

독립성 유지를 위한 노력

FAZ는 독립적으로 운영되며 광고 수익과 구독료로 운영 비용을 충당한다. 독일 언론은 매출 중 구독료 비중이 꽤 높은데, 이는 정치적·상업적 압력으로부터 독립성을 유지하는 데 기여한다. 특히 FAZ는 특정 정당이나 이익 집단에 치우치지 않는 객관적인 보도를 지향한다.

FAZ의 또 다른 특징은 다양한 분야의 전문가들이 기고하는 깊이 있는 내용의 칼럼이다. 정치, 경제, 문화 등 각 분야의 전문가들이 정기적으로 칼럼을 기고해 독자들에게 다양한 시각과 깊이 있는 분석을 제공한다.

진보의 목소리, 에스쩨트(SZ, Süddeutsche Zeitung, 쥐드도이체 차이퉁)

에스쩨트(SZ, Süddeutsche Zeitung, 쥐드도이체 차이퉁)는 1945년 10월 6일에 창간한 독일의 대표적인 진보 성향 일간지다. 제2차 세계대전 후 처음으로 발행한 독일 신문 중 하나로, 민주주의와 언론 자유의 상징이 됐다. 이 신문은 독일 바이에른주 뮌헨(München)에서 발행되며, 독일에서 가장 영향력 있는 신문 중 하나로 자리잡았다.

SZ는 진보적인 정론지 역할로 사회적 정의, 인권, 환경 문제 등에 대

▲ 2009년 5월 20일자 쥐드도이체 차이퉁(Süddeutsche Zeitung) 1면 (출처 위키피디아).

한 보도를 강조한다. 특히 탐사 보도로 유명해 국제적인 스캔들과 부패 사건 폭로 기사를 자주 게재한다.

파나마 페이퍼스와 국제 탐사보도

SZ는 2016년 파나마 페이퍼스(페이퍼 기업) 보도를 주도하며 국제적인 주목을 받았다. 이는 전 세계 정치인과 기업인들의 조세 회피 실태를 폭로한 대규모 국제 탐사 보도 프로젝트였다. 이를 통해 SZ는 국제적인 언론사로서 위상을 더욱 공고히 했다.

SZ는 또한 문화, 예술 분야 보도에서도 강점을 보인다. 독일의 문화 생활과 예술계 동향을 심도 있게 다뤄 분야 내 높은 평가를 받고 있다.

자유주의 성향의 디 벨트(Die Welt)

디 벨트(Die Welt)는 1946년 4월 2일 영국 군정 당국에 의해 창간됐다. 1945년 분단 직후 서독 지역은 미국·영국·프랑스 3국이 분할통치를 했고 나중에 미군정으로 통합됐다. Die Welt는 초기에 독일의 민주주의와 자유를 홍보하는 목적으로 발행됐다. 그러나 이후 독일의 주요 일간지로 성장했다. 베를린(Berlin)에서 발행되며, 특히 국제 뉴스와 경제 뉴스에서 강점을 보인다.

Die Welt는 자유주의적 성향을 보이며, 경제적 자유와 시장 경제를 지지한다. 국제 뉴스를 보도하는 강점으로 독자들에게 글로벌 시각을 제공한다.

심층 분석과 다양한 의견

Die Welt는 심층 분석 기사와 다양한 의견 기사를 통해 독자들에게 풍부한 정보를 제공한다. 특히 국제 정세와 경제 동향에 대한 분석에 강점을 보이며, 이를 통해 독일 내 여론 형성에 중요한 역할을 한다.

Die Welt는 또한 디지털 전환에도 적극적으로 대응하고 있다. 온라인 버전인 'welt.de'를 통해 실시간 뉴스와 멀티미디어 콘텐츠를 제공하며 디지털 구독자 확보에 주력하고 있다.

대중지의 대표주자, 빌트(Bild)

빌트(Bild)는 1952년 6월 24일에 창간했다. 악셀 슈프링어(Axel Springer)에 의해 설립된 이 신문은 독일에서 가장 많이 읽히는 대중 신문이다. 베를린에서 발행되며, 선정적인 뉴스와 대중 추수주의(追隨主義)

▲ Die Welt를 읽는 독자(2007년 8월 24일 Mathias Schindler가 제작한 Wikipedia Academy 2007 사진).

적인 접근 방식으로 유명하다.

    Bild는 대중적이고 선정적인 성향을 보이며 정치·스포츠·연예 뉴스에 중점을 둔다. 사건을 감흥적으로 보도하여 독자들의 관심을 끌어 종종 논란의 중심에 서기도 한다.

탐사 보도와 사회적 영향력

    비록 대중 추수주의적 성향이 강한 신문이지만, Bild는 때때로 탐사 보도와 사회적 문제에 대한 심층 보도도 제공한다. 특히 정치 스캔들이나 사회적 이슈에 대해 공격적인 보도 방식으로 주목 받는다. 이로 인해 Bild는 독일 사회에서 상당한 영향력을 행사하고 있으며, 때로는 정치적 결정에도 영향을 미치는 것으로 알려져 있다.

    Bild는 또한 디지털 시대에 맞춰 온라인 플랫폼 '빌트.de'(bild.de)를 운영해 실시간 뉴스와 동영상 콘텐츠를 제공하고 있다. 특히 스포츠 뉴스와 연예 뉴스에서 강세를 보여, 이 분야에서 많은 온라인 독자를 확보하고 있다.

진보 성향의 대표주자, 타츠(taz)

▲ 20세기 중반 이른바 68혁명 이후 탄생한 독일 협동조합 언론 타츠(taz) 베를린 사옥 전경.

    타츠(taz, die tageszeitung, 디 타게스차이퉁)는 1978년 서독 베를린에서 창간한 진보 성향 독립 신문이다. taz는 1968년 유럽을 흔든 학생운동과 이후의 사회 운동에서 영감을 받아 기존 대형 언론사와 다른 새로운 저널리즘을 목표로 설립됐다. 이 신문은 초기부터 독립적인 편집권과 자율성을 강조하며, 광고에 의존하지 않고 독자들의 구독료와 조합원의 기부로 운영하는 협동조합 형태를 취하고 있다.

taz는 환경, 인권, 사회 정의 등 진보적인 이슈에 중점을 두며, 특히 반전 운동, 페미니즘, 생태주의와 같은 주제에서 선도적인 보도를 이어가고 있다. taz의 논조는 강한 사회 비판적 시각을 반영하기도 해 독일의 다른 주요 언론사들과 차별화된 입지를 구축해왔다.

실험적 저널리즘과 독립성

taz는 전통적인 언론의 틀을 벗어나 독특한 편집 방식을 채택하고 있다. 기자들이 협동조합 일원으로 활동하며, 편집 과정에 대한 의견을 자유롭게 개진할 수 있다. 이런 점은 때때로 taz가 논란이 되는 기사를 내보내는 요인으로 작용하기도 하지만, 반대로 이러한 특성은 독자들로부터 강한 신뢰를 형성하는 이유가 되기도 한다.

타츠의 온라인 플랫폼은 1995년에 개설됐다. 독일 언론 중 디지털화에 적극적으로 대응한 첫 사례로 꼽힌다. taz는 광고 없이도 성공적으로 운영되는 독립적인 비즈니스 모델을 유지하고 있으며, 이는 독립적인 저널리즘의 상징으로 평가받는다.

사회적 영향력

taz는 독일 사회의 다양한 목소리를 반영하며 소수자와 약자의 권리를 대변하는 데 중점을 두고 있다. 특히 이 신문은 난민 문제, 노동자 권리, 기후 위기와 같은 주제에 강력한 입장을 표명해 왔다. 이러한 보도는 독일 내에서 큰 사회적 영향을 미쳐 taz의 독립적인 저널리즘이 왜 중요한지 보여주는 사례가 됐다.

taz는 최근 인공지능(AI)을 활용한 데이터 저널리즘 프로젝트를 진행하며 디지털 시대에 적합한 혁신적 보도 방식을 모색하고 있다. 이는 taz가 진보적 이슈뿐만 아니라 저널리즘 자체의 발전에도 기여하고 있음을 보여준다.

taz는 빌트(Bild)와는 대조적으로 선정적인 보도보다는 사회적 책임과 독립성을 중시하는 태도를 견지하며 독일 사회에서 중요한 역할을 하고 있다. 독자들은 taz를 통해 대안적인 시각과 깊이 있는 분석을 얻으며, 이는 그 자체로 독일 언론의 다양성과 강점을 상징한다.

공영방송의 기둥 : 아알데(ARD)와 체트데에프(ZDF)

독일의 공영방송 체제는 '독일 연방공화국 공영방송국 협회'인 아알데(ARD, Arbeitsgemeinschaft der öffentlich-rechtlichen Rundfunkanstalten der Bundesrepublik Deutschland, 아르바이츠게마인샤프트 데어 오펜틀리히레히틀리헨 룬트풍크안슈탈텐 데어 분데스레푸블릭 도이칠란트)와 독일 제2공영방송인 쩨트데에프(ZDF, Zweites Deutsches Fernsehen, 츠바이테스 도이체스 페른제헨)를 중심으로 운영되고 있다. 이들은 방송 수신료를 주 재원으로 해 정치적·상업적 압력으로부터 독립성을 유지하고 있다.

아알데(ARD)

ARD는 1950년에 설립된 독일 연방의 공영방송 연합이다. 9개의 독립적인 지역 방송사로 구성돼 있으며, 각 방송사는 자체적으로 운영된다. ARD는 이 지역 방송사들간 협력과 조정을 담당한다.

특징	· 지역성 : 각 지역 방송사가 해당 지역의 뉴스와 프로그램을 제작하여 지역 특성을 반영한다. · 다양성 : 뉴스, 다큐멘터리, 드라마, 엔터테인먼트 등 다양한 장르의 프로그램을 제공한다. · 독립성 : 정부나 상업적 이해관계로부터 독립적인 운영을 보장받는다.

체트데에프(ZDF)

ZDF는 1963년에 설립된 독일의 전국 공영방송사다. 본사는 독일 라인란트팔츠주 마인츠(Mainz)에 있으며, 독일 전역에 방송을 송출한다.

특징	· 전국 방송 : 전국적인 뉴스와 프로그램을 제공한다. · 심층 보도 : 정치·경제·사회 문제에 대한 심층 보도와 분석을 제공한다. · 문화 프로그램 : 독일의 문화와 예술을 소개하는 다양한 프로그램을 제작한다.

▲ 독일 연방 공영 방송사 ARD를 구성하는 방송사 중 서독일방송(WRD) 에센스튜디오 내부.

공영방송의 재원과 독립성

아알데(ARD)와 체트테에프(ZDF)는 주로 라이선스 방송 수신료로 운영된다. 이는 광고 수익에 의존하지 않고 독립적으로 운영할 수 있는 기반이 된다.

도이체 프레세-아겐투어(DPA)	
특징	· 중립성 : 정치적 중립을 유지하며 객관적인 보도를 지향한다. · 다양한 서비스 : 텍스트 뉴스, 사진, 비디오, 오디오 콘텐츠 등을 제공한다. · 신속성 : 실시간으로 뉴스를 제공해 언론사들이 빠르게 정보를 전달할 수 있게 한다.

또한 법적으로 독립성을 보장받아 정치적·상업적 압력으로부터 자유롭게 운영되고 있다.

통신사의 역할 : 데페아(DPA, Deutsche Presse-Agentur, 도이체 프레세-아겐투어)

데페아(DPA)는 독일에서 가장 큰 뉴스 통신사로, 국내외 주요 뉴스와 정보를 제공하는 역할을 한다. 1949년 설립된 DPA는 현재 기자와 편집자 약 1000명이 세계 100여 개국에서 활동하고 있다. DPA는 독일 언론의 근간을 이루는 중요한 역할을 한다. 많은 독일 언론사들이 DPA의 뉴스를 기본으로 추가 취재와 분석을 더해 기사를 작성한다.

다양성과 독립성, 독일 언론의 힘

독일의 주요 언론사들은 각자의 특성을 살려 독일 사회의 다양한 목소리를 대변하고 있다. FAZ와 SZ는 각각 보수와 진보를 대표하는 정론지로, Die Welt는 자유주의적 시각을, Bild는 대중의 관심사를 반영한다. taz는 진보적이면서 독립성과 사회적 책임을 강조하며, ARD와 ZDF는 공영방송으로서 공정하고 심층적인 보도를 제공한다. DPA는 독일 언론의 기반이 되는 뉴스를 제공한다.

이러한 다양성과 각 언론사의 독립성은 독일 언론의 큰 강점이다. 독자들은 여러 관점에서 사회 현상을 바라볼 수 있고, 이는 건강한 민주주의 사회의 토대를 쌓는다. 앞으로도 독일 언론은 이러한 전통을 이어가며 변화하는 미디어 환경에 적응해 나갈 것으로 보인다.

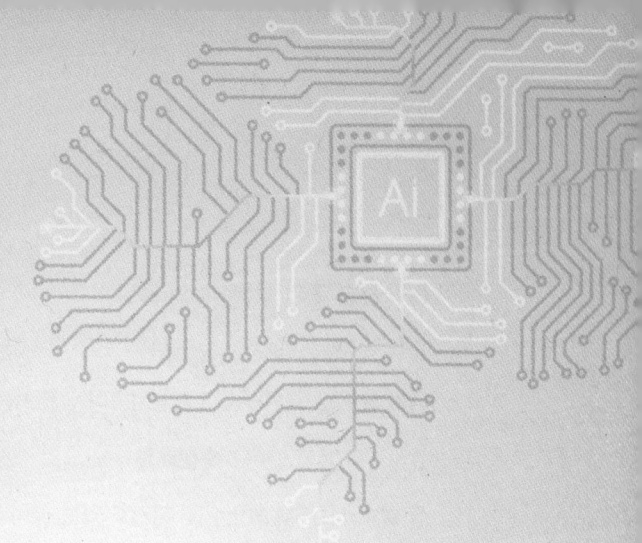

03

현대 독일 언론의 구조와 변화

독립 보장 독일 공영방송의 특징

독일 언론은 공영방송과 민영방송이 공존하는 이원 체제를 유지한다. ARD와 ZDF는 수신료를 기반으로 운영하며, 정부나 상업적 압력으로부터 독립성을 지키고 있는 것이 가장 큰 특징이다. 이들은 정치적 중립성과 독립성, 공정성을 보장하며 다양한 사회적 목소리를 반영한 프로그램을 제공한다.

민영방송인 RTL과 ProSiebenSat.1은 광고 수익을 기반으로, 시청률 경쟁 속에서 다양한 콘텐츠를 제작하고 있다.

디지털화에 따라 신문사들은 온라인 뉴스 포털과 디지털 구독 모델을 통해 독자를 확보하는 한편, 모바일 환경에 최적화된 콘텐츠로 변화를 모색하고 있다. 지역 언론은 각 지역의 특성을 반영하며, 통신사 DPA는 신속한 뉴스 제공으로 독일 언론 생태계에 기여한다.

또한, 가짜 뉴스에 대응해 팩트체크 시스템을 강화하고, 미디어와 AI 리터러시 교육을 통해 시민들의 정보 처리 능력을 높이기 위한 노력을 이어가고 있다.

공영방송과 민영방송의 공존

독일의 방송 시장은 공영방송과 민영방송이 공존하는 이원 체제를 유지하고 있다. 이는 다양성과 균형을 추구하는 독일 언론의 특징을 잘 보여준다.

공영방송 : 아알데(ARD)와 체트데에프(ZDF)

독일의 공영방송 체제는 '독일 연방공화국 공영 방송국협회'인 아알데(ARD, Arbeitsgemeinschaft der öffentlich-rechtlichen Rundfunkanstalten der Bundesrepublik Deutschland, 아르바이츠게마인샤프트 데어 오펜틀리히레히틀리헨 룬트풍크안슈탈텐 데어 분데스레푸블릭 도이칠란트)와 '제2독일 공영 방송'인 쩨트데에프(ZDF, Zweites Deutsches Fernsehen, 츠바이테스 도이체스 페른제헨)를 중심으로 운영되고 있다.

ARD는 독일연방 내 9개의 지역 방송사로 구성된 연합체다. 각 지역 방송사는 독립적으로 운영되며, 해당 지역의 뉴스와 프로그램을 제작한다. 대표적인 프로그램으로는 전국 뉴스인 '타게스샤우(Tagesschau)'가 있다. ARD는 지역성과 다양성을 중시하며 독일 전역의 목소리를 반영하는 역할을 한다.

ZDF는 전국 단위의 공영방송으로 1963년에 설립됐다. 뉴스, 시사 프로그램, 다큐멘터리, 드라마 등 다양한 장르의 프로그램을 제작해 방송한다. ZDF의 대표 프로그램으로는 시사 매거진 '프론탈 21'(Frontal 21)과 뉴스 프로그램 '호이테'(heute)가 있다.

▼ 독일 연방 공영방송 ARD의 연합 방송사 중 하나인 서독일방송(WRD) 에센스튜디오 일부 모습.

공영방송의 재원과 독립성

ARD와 ZDF는 주로 라이선스 방송 수신료로 운영된다.

2024년 기준 월 18.36유로(약 2만 7000원)의 수신료를 모든 가구가 의무적으로 납부하고 있다. 이러한 재원 구조는 공영방송이 광고 수익에 의존하지 않고 독립적으로 운영될 수 있는 기반이 된다.

또한, 독일 공영방송의 독립성과 투명성을 보장하는 핵심 기구는 방송평의회(Rundfunkrat, 룬트풍크라트)와 감독위원회(Verwaltungsrat, 페어발퉁스라트)다. 방송평의회는 감독기구로서 공영방송이 특정 이념이나 상업적 이익에 휘둘리지 않게 감독하는 역할을 담당한다. 이 기구는 다양한 사회 그룹의 대표들로 구성되며, 정치·사회·종교·경제·노동 단체를 비롯한 광범위한 사회적 계층을 대표한다. 예를 들어, 바이에른 방송(Bayerischer Rundfunk)의 방송평의회는 약 50명으로 구성된다. 이들은 바이에른 주 의회와 주 정부, 노동조합, 종교 단체, 문화예술 단체, 여성 단체, 경제 단체 등에서 파견된다. 이 대표들의 임기는 5년이다. 방송평의회는 공영방송이 공정하고 중립적인 프로그램을 제작할 수 있게 감시한다. 한국 공영방송의 이사회 격인 방송평의회는 감독과 더불어 방송사 최고책임자를 선출하는 권한도 가지고 있다.

감독위원회 역시 사회 각계각층을 대표하는 인사로 구성된다. 주로 8명에서 14명으로 구성되며, 방송평의회에서 선출된 대표들, 노동조합 또는 직원 대표, 재정·법률·경영 분야의 외부 전문가들이 참여한다.

이 위원회의 주요 임무는 예산 승인, 주요 인사 결정, 재정 관리 등 공영방송의 효율적 운영을 보장하는 것이다. 이 위원회의 독립성은 공영방송이 외부 압력으로부터 자유롭게 운영될 수 있는 중요한 토대가 된다.

한국 공영방송에 전하는 시사점

독일 공영방송 모델은 한국의 공영방송에 중요한 시사점을 제공한다. 한국 공영방송 역시 정치적 중립성과 상업적 압력으로부터 독립을 보장받으려면 재정적 안정성과 법적 독립성이 필수적이다. 독일처럼 안정적인 수신료 징수 체제를 통해 재정을 확보하고, 독립적인 감독 기구를 설치해 공정성 감시 체제를 구축한다면, 한국 공영방송도 독립적이고 신뢰받는 매체로서 역할을 보다 충실히 수행할 수 있을 것이다.

결론적으로, 독일 공영방송의 재원 구조와 법적 독립성은 정치적·상업적 압력에서 자유로운 언론 환경의 중요성을 강조하는 선례로, 이는 한국 공영방송이 나아가야 할 방향을 제시한다.

민영방송 : 다양성과 경쟁

독일의 민영방송 시장은 1984년 처음 도입된 이후 빠르게 성장했다.

RTL Group

유럽 최대의 방송·미디어 그룹 중 하나로, RTL, 폭스(VOX), 엔트베이(n-tv) 등의 채널을 운영한다. 엔터테인먼트 프로그램과 뉴스를 주로 제공한다.

ProSiebenSat.1 Media SE

프로지벤(ProSieben), 자트.아인(Sat.1), 카벨 아인스(Kabel Eins) 등의 채널을 운영하며, 주로 오락 프로그램과 드라마를 방송한다.

주요 민영 방송사로는 아르테엘 그룹(RTL Group)과 프로지벤자트.아인 미디어 에스이(ProSiebenSat.1 Media SE)가 있다.

민영방송은 주로 광고 수익으로 운영되며 시청률 경쟁이 치열하다. 이로 인해 때로는 선정적이거나 상업적인 콘텐츠로 비판받기도 하지만, 다양한 프로그램을 통해 시청자들의 선택권을 넓히는 역할을 한다.

디지털 시대 독일 신문의 변화

독일의 신문 시장도 디지털화의 영향을 크게 받고 있다. 전통적인 종이신문 구독자는 감소하고 있지만, 주요 신문사들은 디지털 전환을 통해 새로운 온라인 독자층을 확보하고 있다.

온라인 뉴스 포털 운영과 디지털 구독 모델 도입

주요 신문사들은 자체 온라인 뉴스 포털을 운영하고 있다. 예를 들어, 프랑크푸르터 알게마이네 차이퉁(Frankfurter Allgemeine Zeitung)은 faz.net을, 쥐드도이체 차이퉁(Süddeutsche Zeitung)은 sz.de를, 디 벨트(Die Welt)는 welt.de를 운영한다. 이 웹사이트들은 실시간 뉴스, 심층 분석 기사, 멀티미디어 콘텐츠 등을 제공한다.

많은 신문사들이 디지털 구독 모델을 도입하고 있다. '프리미엄 Freemium' 모델의 경우 일부 기사는 무료, 프리미엄 콘텐츠는 유료이나 '페이월(Paywall)' 시스템으로 일정 수의 기사 열람 후 유료 구독을 유치하는 방식 등으로 수익을 창출하고 있다.

타츠(taz), 10주 체험 구독으로 독자 유치 나서

독일 내 진보 성향 일간지 '타츠(taz)'는 주간판 체험 구독 프로모션을 통해 새 독자 확보에 나서고 있다. taz는 10주간 10유로라는 파격적인 가격으로 '주간타츠(wochentaz)'를 체험할 수 있는 기회를 제공한다. 독일 신문의 월 평균 구독료는 약 35유로인데, 10주 10유로이면 파격적인 것이다.

이 프로모션의 가장 큰 특징은 매주 토요일 인쇄된 신문을 무료로 집까지 배송해준다는 점이다. 디지털 시대에도 여전히 종이신문의 가치를 중시하는 taz의 철학이 엿보인다.

물론 온라인 서비스도 빼놓지 않는다. taz 구독자들은 디지털 버전을 전날 저녁부터 미리 볼 수 있다. 또한 모바일 타츠앱을 통해 기사를 음성으로 들을 수 있는 기능도 제공한다. 이는 바쁜 현대인의 라이프스타일을 고려한 서비스로 보인다.

taz는 '미래 섹션'을 통해 기후, 지식, 이상적인 미래에 대한 심층 보도를 제공한다. 또한 'Stadtland' 섹션에서는 마을과 대도시 사이의 중

▲ taz의 모바일앱 연동 '주간타츠(wochentaz)' 10유로 특가 프로모션 안내.

요한 소식을 전한다. 이를 통해 taz만의 차별화된 콘텐츠 전략을 엿볼 수 있다.

10주 체험 기간이 끝나면 구독은 월 21.40유로의 할인된 가격으로 자동 연장된다. 다만 taz 측은 "미리 알려드리겠다"며, "구독은 매월 취소 가능하다"고 안내한다. 이는 독자들의 부담을 줄이기 위한 조치로 보인다.

taz의 이 프로모션은 "이런 시대에는 이런 신문이 필요하다"는 자신감 있는 슬로건과 함께 진행되고 있다. 디지털 시대에 종이신문의 생존 전략으로 주목할 만한 사례다.

모바일 최적화

스마트폰 사용이 보편화되면서 독일의 주요 언론사들은 모바일 최적화 콘텐츠 제공에 주력하고 있다. 모바일 앱을 통해 개인화된 뉴스 서비스를 제공하거나, 모바일에 최적화된 기사 포맷을 개발하는 등의 노력을 기울이고 있다.

통신사와 지역 언론의 역할

독일 지역 언론은 해당 지역의 정치, 경제, 문화 등 다양한 분야의 뉴스를 심도 있게 다룬다. 이를 통해 지역 주민들에게 필요한 정보를 제공하고, 지역 공동체의 결속을 강화하는 역할을 한다. 독일의 연방제와 지방분권 체제는 지역 언론의 발전을 뒷받침하며, 각 지역의 특성과 목소리를 반영할 수 있는 환경을 제공한다.

라이니쉬 포스트(Rheinische Post)
뒤셀도르프를 중심으로 한 라인란트 지역의 대표 신문

베를리너 차이퉁(Berliner Zeitung)
베를린 지역의 대표적인 일간지

디지털 시대의 새로운 도전, 가짜 뉴스 대응과 미디어 리터러시

인터넷과 소셜 미디어의 발달로 가짜 뉴스가 급속도로 확산되면서 독일 언론계도 이에 대한 대응에 나서고 있다. 특히 2017년 연방의회 선거를 앞두고 가짜 뉴스의 영향력이 커지면서 이에 대한 우려가 높아졌다.

리터러시의 개념과 중요성

리터러시(Literacy)는 단순히 읽고 쓰는 능력에 국한되지 않고, 정보를 비판적으로 수용하고 활용하는 능력을 의미한다. 현대 사회에서는 디지털 리터러시(Digital Literacy), 미디어 리터러시(Media Literacy),

가짜 뉴스 대응 방안

독일 언론의 가짜 뉴스 대응 방안	
팩트체크 시스템 강화	주요 언론사들이 자체 팩트체크 부서를 설립 및 운영하고 있다.
협력 네트워크 구축	여러 언론사가 협력해 가짜 뉴스 검증 프로젝트를 운영한다.
뉴스 신뢰도 제고	뉴스의 출처와 취재 과정을 명확히 밝혀 신뢰성을 높인다.

리터러시 개념

디지털 리터러시(Digital Literacy)
디지털 기기를 활용해 정보를 탐색하고 평가하며, 온라인 환경에서 윤리적으로 소통하는 능력이다.

미디어 리터러시(Media Literacy)
미디어가 전달하는 메시지를 분석하고, 미디어가 사회에 미치는 영향을 비판적으로 이해하는 능력이다.

정보 리터러시(Information Literacy)
신뢰할 수 있는 출처에서 정보를 찾고, 논리적으로 조직하며 활용하는 능력이다.

정보 리터러시(Information Literacy) 등 다양한 형태의 리터러시가 중요하게 대두되고 있다.

AI 리터러시의 부상

AI 리터러시(AI Literacy)는 인공지능의 작동 원리에 대한 이해를 바

주요 미디어 리터러시 프로그램
· 학교 교육과정에 미디어 리터러시 과목 도입
· 공영방송의 미디어 교육 프로그램 제작 및 방영
· 성인을 대상으로 한 미디어 리터러시 워크숍 개최

▼ 디지털 리터러시 교육의 중요성 (출처 김갑봉 기자).

탕으로 AI 기술이 사회와 개인에게 미치는 영향을 분석하고 이를 책임감 있게 활용하는 능력을 말한다. 디지털 시대에 필수적으로 요구되는 역량으로, AI 리터러시를 통해 개인은 더욱 고도로 복잡해지는 사회에서 효과적으로 대응할 수 있다.

리터러시 교육 강화

독일 정부와 언론계는 리터러시 교육을 통해 시민들이 비판적으로 정보를 분석하고 활용할 수 있게 돕고 있다. 이는 가짜 뉴스 생산과 확산을 방지하는 차원을 넘어 민주사회에서 책임 있는 시민으로 살아가기 위한 필수 능력을 사회적으로 찾고 있는 것이다.

변화와 도전 속 독일 언론의 미래

독일 언론은 디지털화, 가짜 뉴스, AI 등 새로운 도전과 과제에 직면해 있지만, 이를 극복하기 위한 다양한 노력을 기울이고 있다. 공영방송과 민영방송의 균형, 전국지와 지역 언론의 공존, 그리고 통신사의 역할 등 다양한 주체들이 독일의 언론 생태계를 풍부하게 만들고 있다. 독일 언론의 정치적 다양성을 유지하면서도 새로운 기술과 플랫폼을 적극 활용하려는 시도는 주목할 만하다. 또한 시민들의 미디어 리터러시와 AI 리터러시를 강화하기 위한 노력은 건강한 미디어 환경 조성에 기여할 것으로 보인다.

앞으로 독일 언론이 이러한 변화와 도전을 어떻게 극복하고 발전해 나갈지 세계의 이목이 집중되고 있다. 독일의 사례는 비슷한 도전에 직면한 한국을 비롯해 다른 국가들의 언론계에도 중요한 시사점을 제공하고 있다.

2장

독일의 지역 언론과 연방제

독일의 지역 언론은 강력한 지방분권에 기초한 연방제를 기반으로 발전했다. 연방제 국가인 독일에서 지역 언론이 풀뿌리 민주주의의 중요한 역할을 한다. 도르트문트공대는 지역 언론이 지역 사회와 밀착돼야 한다고 강조하고, WDR 에센스튜디오는 지역 보도로 시청률 35%를 기록하며 성공을 거뒀다. 민영방송 TV베를린은 지역성을 기반으로 콘텐츠 경쟁력을 키웠다.

04

독일 연방제와 지방분권, 지역 언론 발전의 토대

독일 지방분권 연방제와 지역 언론

독일 지역 언론은 연방제와 지방분권 체제를 바탕으로 자율성과 독립성을 유지하며 발전해왔다. 각 연방 주는 독립적인 입법과 행정권으로 지역 특성에 맞는 정책을 시행함으로써 지역 언론의 발달을 촉진했다.

지역 언론은 주민과 지방정부 간 소통 창구이자 지방정부의 감시자면서 동시에 지역사회의 민주주의를 강화하는 중요한 역할을 한다. 디지털 시대에 접어들면서 AI 기술을 도입해 데이터 분석과 맞춤형 콘텐츠 제공으로 독자와의 소통을 강화하고 있다. 특히 지역 정체성 강화와 정치적 참여를 촉진하는 데 기여하며, 지방자치와 연방제의 상호작용을 통해 독일의 정치적 구조를 더욱 견고히 하는 데 중요한 역할을 하고 있다. 독일의 지역 언론은 민주주의의 핵심으로, 연방제와 지방분권을 유지하고 강화하는 데 기여하고 있다.

▲ 독일 연방 의회 전경.

독일 연방제와 지방분권, 지역 언론 발전의 토대

독일의 연방제는 각 주가 독립적인 입법, 사법, 행정 권한을 가지는 것을 특징으로 한다. 이러한 구조는 지역 주 정부가 주민의 요구와 필요에 맞는 정책을 시행할 수 있게 했고, 이러한 정치 시스템은 자연스럽게 지역 특성을 반영한 언론의 발달로 이어졌다.

독일 포츠담대학교의 "독일에서의 연방제와 지방분권(Federalism and Decentralization in Germany)" 연구에 따르면, 독일의 정치 구조는 지역 언론의 자율성과 독립성 강화에 중요한 역할을 했다. 각 주의 자치권이 보장되면서, 지역 언론은 연방 정부의 간섭 없이 지역 이슈와 관심사를 다룰 수 있게 됐다.

지역 언론, 주민 소통 창구이자 지방정부 감시자로 활약

독일의 지역 언론은 단순한 뉴스 전달자를 넘어 지역 민주주의의 핵심 역할을 담당하고 있다. 각 주와 지역의 정치적·사회적·경제적 이슈를 보도하며, 주민들이 자신들의 권리와 책임을 이해할 수 있게 돕는다. 또한 지역 주 정부와 주민 간의 소통을 촉진하고, 지역사회의 목소리를 대변하는 역할을 한다.

"독일 통일 이후 재정 분권화와 관련된 독일 연방제 재구성의 정치(Recasting German Federalism The politics of fiscal decentralization in post-unification Germany)" 논문은 독일 통일 이후 가져온 지역 언론의 역할과 중요성의 변화 양상을 분석했다. 연구 결과, 지역 언론이 지역 정부의 재정 투명성과 책임성을 높이는 데 중요한 역할을 한 것으로 나타났다.

바이에른(Bayern) 주의 '아우크스부르거 알게마이네(Augsburger Allgemeine)'는 월 구독료 약 40유로(약 5만 8000원)로 25만부를 발행하며, 중도 성향으로 지역 뉴스와 경제·문화·스포츠 정보를 균형 있게 다루고 있다. 또한 AI 기반 데이터 분석 툴을 사용해 선거 결과나 경제지표를 분석하고 시각화한 정보를 독자들에게 제공한다.

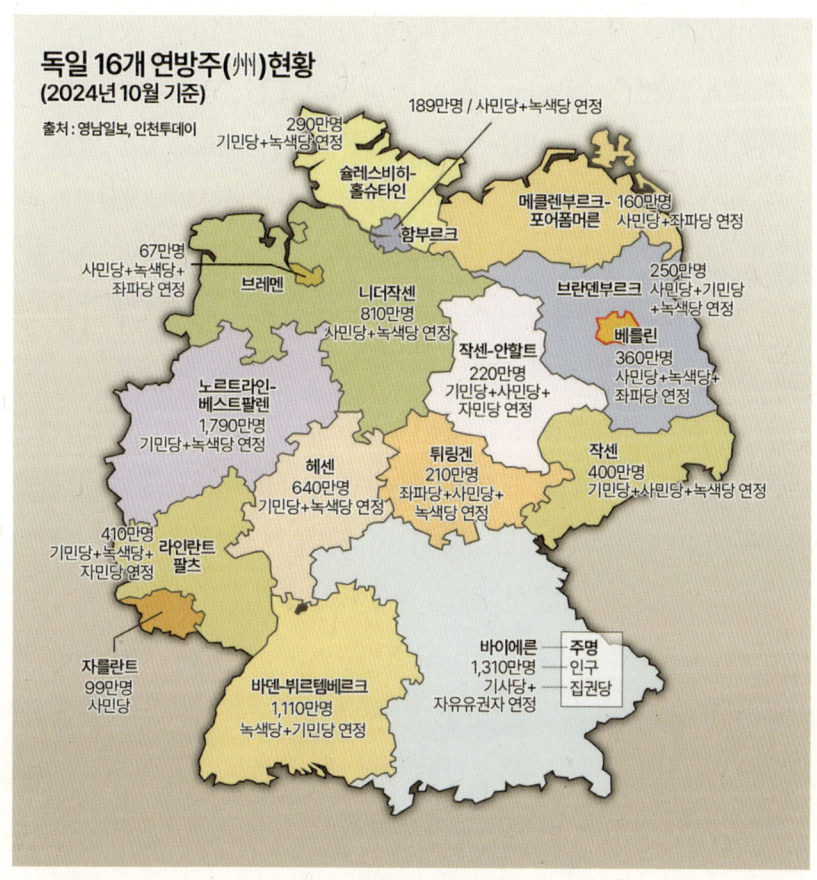

▲ 독일 연방국가를 구성하는 연방주 16개와 지방분권제도 현황.

디지털 시대 맞아 AI 기술 활용 등 혁신 모색

독일의 지역 언론들은 디지털 시대에 맞춰 다양한 혁신을 시도하고 있다. 특히 인공지능(AI) 기술을 활용한 서비스 개선이 눈에 띈다.

바덴뷔르템베르크(Baden-Württemberg) 주의 '슈투트가르터 나흐리히텐(Stuttgarter Nachrichten)'은 데이터 저널리즘을 위해 AI를 활용해 복잡한 데이터 세트를 분석하고 시각화한 자료로 독자들에게 더 명확한 정보를 제공한다. 이 신문은 월 구독료 약 35유로(약 5만1000원)로 12만부를 발행하며, 중도 성향의 지역 뉴스와 정치·경제·문화·스포츠 소식을 균형 있게 다룬다.

같은 주의 '하일브로너 슈팀메(Heilbronner Stimme)'은 AI 기반 추천 시스템을 도입해 독자 관심사에 맞는 기사를 추천한다. 이 신문은 월 구독료 약 30유로(약 4만 3000원)로 8만부를 발행하며, 지역 밀착형 보도로 하일브론과 그 주변 지역의 생활 정보를 중심으로 다룬다.

노르트라인베스트팔렌(Nordrhein-Westfalen) 주의 '라이니쉐 포스트(Rheinische Post)'는 인공지능을 활용한 독자 행동 분석을 통해 구독자 유시 선탁을 최직회히고 있다. 월 구독료 약 38유로(약 5만 5000원)로 30만부를 발행하는 이 신문은 보수적 성향을 띠며, 뒤셀도르프와 노르트라인베스트팔렌 주 전역의 정치·경제 소식을 중점적으로 다룬다.

같은 주의 '바아쩨트(WAZ, Westdeutsche Allgemeine Zeitung, 베스트도이체 알게마이네 차이퉁)'은 AI 기반 자동화 편집 시스템을 도입해 뉴스 업데이트의 신속성과 정확성을 높이고 있다. 월 구독료 약 40유로(약 5만 8000원)로 40만부를 발행하는 WAZ는 중도 성향을 띠며,

루르 지역의 정치·경제·문화 뉴스를 균형 있게 보도한다.

지역 정체성 강화와 민주주의 발전에 기여

독일의 지역 언론은 지역 정체성 강화와 민주주의 발전에 중요한 역할을 한다. '세이지 저널(SAGE Journals)'에 실린 연구에 따르면, 독일의 지역 언론은 유럽 통합과 관련한 논의를 지역 주민들에게 전달하는 중요한 역할을 했으며, 이를 통해 지역 주민들의 정치적 참여를 촉진했다.

베를린(Berlin)의 '베를리너 모르겐포스트(Berliner Morgenpost)'는 월 구독료 약 32유로(약 4만 7000원)로 10만부를 발행하는 중도 성향 언론으로 베를린 지역의 정치·경제·문화 뉴스를 심층적으로 보도한다. 이 신문은 인공지능을 활용한 챗봇(chatbot)을 통해 독자와 상호작용을 강화하고, 구독자 지원 서비스의 효율성을 높이고 있다.

함부르크(Hamburg)의 '함부르거 모르겐포스트(Hamburger Morgenpost)'는 월 구독료 약 28유로(약 4만 1000원)로 8만부를 발행하며, 대중적 성향으로 함부르크 지역의 뉴스와 연예, 스포츠 소식을 중심으로 제공한다. 이 신문은 AI로 뉴스 기사에 맞춤형 광고를 자동으로 배치해 광고 효과를 극대화하고 있다.

연방제와 지역 언론의 상호작용

독일의 강력한 지방분권 체제는 지역 언론의 발전을 뒷받침했고, 지역 언론의 발달은 지방분권을 더욱 강화하는 역할을 했다. 이같은 상호작용은 독일의 민주주의를 더욱 공고히 하는 데 기여했다.

작센(Sachsen) 주의 '드레스드너 노이에스테 나흐리히텐(Dresdner Neueste Nachrichten)'은 월 구독료 약 30유로(약 4만 3000원)로 6만부를 발행하며, 중도 성향으로 드레스덴 지역의 정치·사회·문화 뉴스를 중점적으로 다룬다. 이 신문은 AI를 이용한 데이터 시각화 도구를 사용해 독자들로 하여금 복잡한 정보의 쉬운 이해를 돕는다.

헤센(Hessen) 주의 '프랑크푸르터 룬드샤우(Frankfurter Rundschau)'는 월 구독료 약 34유로(약 4만 9000원)로 7만부를 발행한다. 이 신문은 진보 정론지로 사회적 정의와 인권 문제에 대한 심층 보도를 강조한다.

이 신문 역시 AI 기반 콘텐츠 관리 시스템을 통해 기사의 품질을 자동으로 평가하고, 독자 참여를 유도하는 전략을 개발하고 있다.

언론과 민주주의 위해 테오도르 볼프상 시상

독일 연방 디지털출판사협회(BDZV)가 후원하는 '2024년 테오도르

▲ 2024년 테오도르 볼프상 시상을 안내하는 독일신문발행인협회 홈페이지 화면.

▲ 2024년 테오도르 볼프상(Theodor-Wolff-Preis)의 수상자와 후보자(출처 독일신문 발행인협회).

볼프상(Theodor-Wolff-Preis)' 수상자가 발표됐다. 이 상은 나치 정권을 피해 망명했던 저명한 언론인 테오도르 볼프(1868-1943)를 기리는 상이다.

시상 분야는 의견·보도·지역 저널리즘 등 5개 부문이다. 2024년 시상에는 독일 언론인 400명 이상이 398건을 제출했으며, 총 상금은 3만 유로(약 4400만 원)다. 심사위원단은 슈테른, 함부르거 아벤트블라트, 쥐트도이체 차이퉁 등 독일 주요 언론사의 편집장과 고위 간부들로 구성됐다.

먼저 의견 부문에서는 프랑크푸르터 알게마이네 존탁스차이퉁(Frankfurter Allgemeine Sonntagszeitung)의 헬렌 부브로스키(Helene Bubrowski)가 '새해 복 많이 받으세요(Frohes neues Jahr)'라는 논평에서 "왜 우리는 이렇게 화가 나 있는가?"라는 질문으로 독일 사회의 정서를 진단했다. 그녀는 "독일이 분노와 긴장으로 가득 차 있다"며, "더 많은 기쁨과 평정심이 필요하다"고 강조했다.

부브로스키는 독자들에게 삶에서 기쁨과 유머를 되찾고 느긋하게 살아갈 필요가 있다고 주장했다. 또한 독일 사회가 분노에 집중하기보다 긍정적 변화로 나아가야 한다는 의견을 피력했다. 그녀의 글은 독일이 가진 정서적 문제를 비판적으로 바라보면서도, 희망의 메시지를 담고 있다.

이 논평은 사회 전반에 퍼진 부정적 분위기를 진단하며 더 나은 변화를 향한 길을 제시했다는 점에서 높은 평가를 받았다. 심사위원단은

"우리 시대를 훌륭히 반영하는 멋진 어조"로 쓰였다고 평가했다.

보도 부문에서는 차이트 온라인(Zeit Online)의 이시오 에리히(Issio Erich) 기자가 니제르 분쟁을 다룬 '권력을 부여받은 장군'이 선정됐다. 이 기사는 2023년 7월 26일 발생한 니제르 쿠데타와 이후 상황을 다룬 심층 보도다. 니제르에서 모하메드 바줌 대통령이 경호대에 의해 구금되고, 압두라하마네 치아니 장군이 새로운 군사 정권의 지도자라고 선언한 사건을 중심으로 다뤘다.

니제르 쿠데타는 서아프리카 지역에서의 군사 정권 부활과 민주주의 위기를 상징적으로 보여준다. 이 기사는 쿠데타 과정과 군부의 권력 장악 과정을 상세히 기록하며 지역 주민의 반응과 국제사회의 대응을 함께 담아냈다. 서아프리카경제공동체(ECOWAS)의 제재 조치와 프랑스의 개입 문제, 그리고 군사 정권에 대한 국내외적 갈등이 주요 내용이다.

이 기사는 니제르 국민들이 겪는 혼란과 어려움, 그리고 지역 안보와 경제적 위기를 날카롭게 분석했다. 특히 국제사회의 군사 정권에 대한 대처와 시사점을 제시하며 독자들에게 서아프리카 정치 지형의 복잡성과 중요성을 일깨웠다.

에리히의 기사는 군사적 힘과 민주주의의 대립, 그리고 그로 인해 발생하는 권력의 부조리를 생생히 전달하며 세계가 알아야 할 니제르의 현실을 독자들에게 알렸다.

심사위원단은 "놀라운 언론 성과"라며 "우리가 거의 알지 못했던 세계를 열어줬다"고 호평했다.

지역 저널리즘 부문에서는 파비안 후버와 아그네스 폴레브카 기자가 각각 수상했다.

파비안 후버(Fabian Huber)는 트럭 운전사들의 삶을 다룬 기사 '길 위에서(On the Road)'로 수상했다. 이 기사는 아우크스부르거 알게마이네(Augsburger Allgemeine)에 실렸는데, 후버는 트럭 운전사들과 함께 유럽의 도로를 동행하며 그들의 일상을 생생하게 담아냈다. 심사위원단은 이 기사를 "재미있게 쓰였으며, 독특한 표현이 가득하다"고 평가했다.

아그네스 폴레브카(Agnes Polewka)는 '더 살아가기(WeiterLeben)'로 지역 저널리즘 부문에서 수상했다. 이 팟캐스트는 지역 사회에서 사망한 인물들의 삶과 그들이 남긴 영향을 조명하며, 그들의 이야기를 통해 지역 사회에 지속적인 영향을 미치는 사람들의 삶을 다뤘다. 폴레브카는 만하이머 모르겐(Mannheimer Morgen)의 기자로 활동하고 있다.

올해의 주제인 '중동 갈등과 독일' 부문은 틸로 아담(Thilo Adam) 기자가 '그들은 저항이라고 주장한다'로 수상했다. 이 기사는 2023년 10월 7일 하마스의 이스라엘 공격 직후, 독일 베를린 노이쾰른에서 나타난 주민들의 반응을 중심으로 중동 갈등이 독일 사회에 미친 영향을 심층적으로 다뤘다.

독일은 나치 정권을 겪은 역사적 경험으로 인해 반유대주의 문제에 민감하다. 노이쾰른에서 보인 사회적 현상은 독일 정치권 논쟁으로 이어졌다. 기사는 중동 갈등의 국제적 맥락 속 독일이 직면한 구조적 갈등과 과제를 조명했다.

노이쾰른은 다문화적 갈등이 두드러지는 지역으로, 하마스 공격을 지지하는 일부 주민들의 모습은 독일 내 중동 갈등의 사회적 확장을 보여주는 사례였다. 아담 기자는 지역 주민의 발언과 행동을 세밀히 관찰해 독일 사회에 등장한 정치적·문화적 균열을 조명했다.

이와 함께 독일 정치권 논쟁과 나치 역사에 기반한 독일 사회의 반유대주의 문제를 균형 잡힌 시각으로 다뤘다.

심사위원단은 "많은 사소하고 정확한 관찰, 주제 감성을 고려한 보도의 균형"을 칭찬했다. 틸로 아담 기자는 독일 매체 디차이트(Die Zeit)의 온라인 뉴스 플랫폼인 차이트 온라인(Zeit Online) 소속 기자로 활동하고 있다.

이번 시상식은 디지털 시대에도 유효한 저널리즘의 가치와 중요성을 재확인하는 자리가 됐다. 수상자들의 작품은 현대 사회의 다양한 이슈를 심도 있게 다루며 독립 언론의 역할을 보여줬다는 평가를 받았다. 이처럼 독일은 민주주의 발전을 위해 언론을 소중한 동반자로 여기고 있다.

"언론 자유와 양질의 저널리즘이 그 어느 때보다 중요하다."

"정치와 언론이 한통속이라는 인식 – 당신과 저에게는 터무니없어

▲ 베를린에서 열린 2024년 독일연방디지털출판사 신문발행인협회(BDZV) 연례회의에 참석한 숄츠 총리(출처 BDZV).

보일 수 있지만, 이는 우리에게 생각할 거리를 줍니다." 올라프 숄츠 독일 연방 총리가 2024년 9월 12일 베를린에서 열린 '독일연방디지털출판사신문발행인협회(BDZV) 연례회의'에서 한 말이다.

 시상식 기조연설자였던 알렉산더 슈바이처 라인란트팔츠 총리는 "우리 민주주의가 제대로 기능하려면 양질의 저널리즘과 독립 언론이 필요하다"며, "그 어느 때보다 우리 민주주의에 없어서는 안 될 요소"라고 강조했다. 숄츠 총리는 경제계, 정치계, 언론계에서 온 약 250명의 초청

손님들 앞에서 "언론의 신뢰성을 위해서는 비판적 거리두기가 결정적"이라고 언급했다. 그는 언론사와 언론인들의 비판적 거리두기에 대해 큰 존경심을 표했다. 숄츠 총리의 이번 발언은 독일 민주주의 발전을 위해 언론의 독립성과 비판적 역할의 중요성을 재확인한 것으로 해석된다.

독일 지역 언론은 지방분권 강화 기둥

독일의 지역 언론은 연방제와 지방분권의 산물이자, 이를 더욱 강화하는 기둥 역할을 하고 있다. 각 지역의 특성과 요구에 맞는 뉴스 제공과 동시에, 최신 기술을 활용한 더 나은 서비스를 독자들에게 제공하려 노력하고 있다.

앞으로 독일 지역 언론이 디지털 시대의 도전을 어떻게 극복하며 지역 민주주의의 파수꾼 역할을 이어갈지 주목된다. 독일의 사례는 지역 언론의 중요성과 그 발전 방향에서 다른 나라들에도 중요한 시사점을 제공할 것이다.

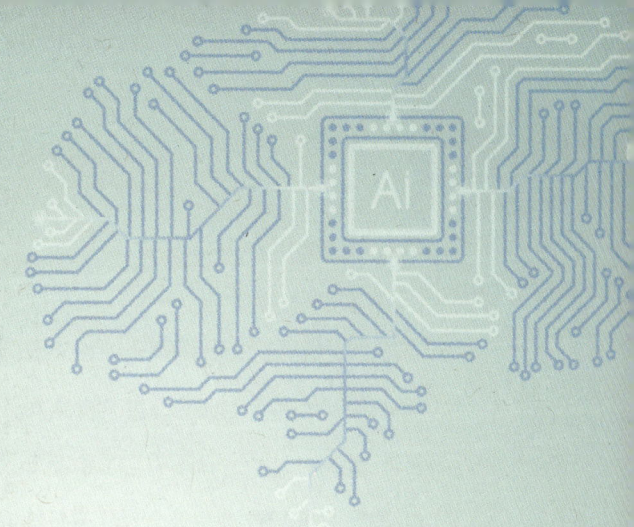

05

도르트문트공대 저널리즘학과
"지역 언론은
풀뿌리 민주주의의 근간"

도르트문트공대 저널리즘학과

1976년에 설립한 도르트문트공대(1968년 개교) 저널리즘학과는 독일 저널리스트 양성에 중요한 역할을 하고 있다. 이 학과는 이론과 실무를 결합한 교육에 중점을 두고 있으며, 정치학, 경제학, 법학 등 다양한 학문과 연계한 융복합 교육을 제공한다.

학생들은 4년 과정 중 1년을 미디어 현장에서 실습하며 실제 기자 역할을 경험한다. 실습은 지역 신문사, 공영방송, 민영방송 등에서 진행되고, 학생들은 현장에서 기사 발굴과 편집 과정을 배운다.

디지털 시대에 맞춰 멀티미디어 콘텐츠 제작과 데이터 저널리즘 교육도 강조하며, 공공 데이터와 소셜미디어 데이터를 활용한 심층 기사 작성 훈련을 제공한다.

또한, 인공지능(AI) 기반의 데이터 분석과 활용 교육도 추가돼 디지털 저널리스트로서의 역량을 강화한다. 도르트문트공대 저널리즘학과는 지역 언론의 중요성을 강조하며, 지역 사회와의 소통을 통해 민주주의 발전에 기여하는 저널리스트를 배출하고 있다.

▲ 독일 도르트문트공대 저널리즘학과 실습실 학생들.

독일 북부 도르트문트에 위치한 도르트문트공과대학교 저널리즘학과는 이론과 실무를 겸비한 미디어 인재 양성의 산실 역할을 하고 있는 곳이다. 다양한 전공과 연계를 통한 융복합 교육 현장실습 등을 통해 급변하는 미디어 환경에 대응할 전문 언론인을 배출하고 있다.

이 학과 빕케 뫼링(Wiebke Möhring) 교수는 "우리 학과의 가장 큰 특징은 학제 간 연계를 통한 전문 교육"이라며, "정치학, 경제학 등 다양한 분야와 접목해 심도 있는 교육과정을 제공하고 있다"고 소개했다.

학생들은 전공 외에 정치학, 경제학, 법학 등을 복수전공하며 해당 분야의 전문성을 키운다. 뫼링 교수는 "기자에게 특정 분야에 대한 깊이 있는 식견은 필수"라며, "정치부 기자라면 정치학과 수업을 함께 듣고, 경제부 기자라면 경제학 강의도 병행하는 식"이라고 설명했다.

이렇게 습득한 전문지식은 취재 현장에서 날카로운 질문과 통찰력 있는 기사로 이어진다. 뫼링 교수는 "전공 간 융합 교육으로 분야별 전문성을 갖춘 기자를 양성하는 게 목표"라고 강조했다.

"총 8학기 중 1년은 언론사에서 실무 경험"

도르트문트공대 저널리즘학과의 또 다른 자랑은 현장실습 프로그램이다. 학생들은 4년 과정 중 1년을 반드시 미디어 현장에서 보내야 한다. 이는 졸업 요건일 뿐 아니라 학점으로도 인정된다.

실습처로는 지역 또는 전국 단위 신문사, 공영·민영 방송사 등 학과와 협력 관계에 있는 언론사들이 포함된다.

학생들은 실제 기자와 동일한 역할을 맡아 기사를 발굴하고 취재하며 기사 작성과 편집 과정을 경험한다.

"이 기간 동안 학생들은 기자로서 자질과 적성을 파악하게 됩니다. 장차 언론인의 길을 걷고 싶은지, 자신에게 맞는 분야는 어디인지 가늠할 수 있는 소중한 시간이죠."

실습 과정에서 두각을 나타낸 학생들은 졸업 후 곧바로 취업으로 이어지기도 한다. 실습생 출신을 우선 채용하는 언론사들이 적지 않다는 게 뫼링 교수의 설명이다.

"취재·제작·편집 전 과정 익히는 실전형 교육"

저널리즘학과 교육은 글쓰기, 인터뷰 기법 등 전통적인 취재 교육에 그치지 않는다. 학생들은 기사 발굴부터 취재, 편집, 제작에 이르기까지 모든 과정을 직접 수행하며 실전 감각을 익힌다.

수업 결과물은 학교 내 방송국과 신문사를 통해 발표된다. 학과에 마련된 최신식 스튜디오와 편집실에서 학생들은 미디어 콘텐츠를 직접 제작하고 편집해 선보인다. 뫼링 교수는 "방송, 신문, 온라인 매체 등 매체별 특성에 맞는 기사 작성과 편집을 학생들 스스로 진행한다"고 전했다.

이 과정에서 데이터저널리즘 기법도 적극 활용한다. 공공 데이터와 소셜미디어 데이터 등을 수집·분석해 기사에 활용하는 방법을 배운다. 뫼링 교수는 "데이터에 기반한 심층 기사 작성은 저널리즘의 미래"라며, "데이터 수집과 분석, 시각화 툴 사용 등 데이터 전반을 아우르는 교육을 진행 중"이라고 밝혔다.

멀티미디어 스토리텔링 기술도 필수

디지털 시대에 멀티미디어 콘텐츠 제작 역량은 기자의 필수 덕목으로 자리잡았다. 이에 도르트문트공대 저널리즘학과는 시대 조류에 발맞춰 멀티미디어 실습 교육도 집중적으로 시행하고 있다.

학생들은 취재 과정에서 글 외에도 사진과 영상, 오디오 등 다양한 형식의 콘텐츠를 제작한다. 매체별 특성에 맞는 '스토리텔링(storytelling)' 기법을 숙달해 한 가지 주제라도 독자의 관심과 흥미를 끌 수 있는 꾸러미(패키지) 기사로 구현하는 과정을 익힌다.

▲ 독일 도르트문트공대 저널리즘학과와 협력 관계에 있는 미디어 소개.

"요즘 독자들은 긴 텍스트보다는 영상이나 카드뉴스 같은 콘텐츠를 선호하죠. 이런 멀티미디어 콘텐츠 제작 노하우를 학생들에게 전수하고 있습니다."

디지털 도구 활용 능력도 중점적으로 다듬는다. 웹디자인이나 인포그래픽 제작 실습을 통해 기사를 시각적으로 풍성하게 구현하는 방법을 학습한다. 뫼링 교수는 "디지털 시대 저널리스트라면 멀티미디어 활용은 기본"이라며, "콘텐츠 제작 전반을 아우르는 디지털 리터러시를 길러주고 있다"고 설명했다.

"지역 언론은 풀뿌리 민주주의의 근간"

한편 뫼링 교수는 위기에 처한 지역 언론의 현실도 되짚었다. 그는 "지역 언론은 풀뿌리 민주주의의 핵심 축"이라며, "주민과 소통하며 지역 의제를 발굴하고 공론장을 제공함으로써 지역민의 목소리를 대변하는 역할을 수행해야 한다"고 강조했다.

이를 위해 지역 언론은 무엇보다 콘텐츠 경쟁력 증진에 매진해야 한다고 조언했다. 단순 사건 전달에 그치지 않고 이면의 원인을 분석하고 문제 해결을 모색하는 심층 기사, 주민들의 목소리에 귀 기울이는 공감형 기사 등 차별화된 콘텐츠 개발이 시급하다는 것이다.

▲ 독일 도르트문트공대 저널리즘학과 빕케 뫼링(Wiebke Möhring) 교수.

뫼링 교수는 지역 언론이 무엇보다 콘텐츠 경쟁력 제고에 힘써야 한다고 재차 강조했다. 이를 위해 "단순 사건 보도에 그치지 않고 깊이 있는 분석과 문제 해결 방안 모색 등 차별화된 콘텐츠 개발이 필요하다" "아울러 독자들과 접점을 늘리고 이들의 목소리에 귀 기울이는 쌍방향 소통도 강화해야 한다"고 조언했다.

"멀티미디어와 모바일에 걸맞는 콘텐츠 유통 전략 수립해야"

뫼링 교수는 멀티미디어와 모바일 시대에 걸맞는 콘텐츠 유통 전략도 수립해야 한다고 덧붙였다. 그는 "지역 언론도 영상, 카드뉴스 등 모바일 친화적 콘텐츠를 적극 개발해 젊은 독자층과 접점을 늘려가야 한다"며, "구독자와 접점 확대가 돌파구"라고 제언했다.

    요컨대 지역성과 전문성, 독자 참여와 혁신으로 무장한 지역 언론만이 인공지능 시대의 위기를 기회로 바꿀 수 있을 것이란 진단이다. 뫼링 교수는 "지역 언론의 가치를 재발견하고 품질 고도화에 매진할 때 독자들도 기꺼이 지갑을 열 것"이라며, "저널리즘의 본령을 지키려는 노력 자체가 곧 활로"라고 강조했다.

06

민영방송 TV베를린
"지역성 기반 콘텐츠로 승부"

TV베를린

TV베를린(TV Berlin)은 1997년에 설립한 독일의 민영 방송사로, 베를린과 브란덴부르크 지역을 주요 시청권으로 운영한다. 이 방송사는 지역 뉴스와 정치·경제·문화·스포츠 분야의 다양한 프로그램을 제작해, 베를린 지역 시청자들에게 맞춤형 콘텐츠를 제공하는 것을 목표로 하고 있다.

주로 지역 이슈를 깊이 있게 다루는 시사 프로그램과 인터뷰 형식의 프로그램을 많이 방영하며, 베를린 지역 특성을 반영한 다양한 방송을 송출한다.

TV베를린은 디지털 전환에도 적극적으로 대응해 온라인 플랫폼에서도 활발히 활동하고 있다. 유튜브와 같은 소셜미디어 플랫폼을 통해 다양한 콘텐츠를 제공하며 디지털 시청 횟수를 증가시키고 있다. 베를린의 민영 방송사 중 하나로서 지역 밀착형 뉴스와 프로그램을 제공해 지역사회의 소통 창구로서 역할을 하고 있다.

지방분권 국가라 지역 방송 중요성 더 증대
베를린 기반 중소 규모 민영방송 1997년 설립

"우리는 베를린을 넘어 전국 방송을 지향합니다. 수도에 위치한 장점을 살려 독일 전체와 유럽 정치에 영향을 미치는 콘텐츠를 제작하고 있죠."

지난해 10월 23일 베를린에서 만난 TV베를린의 두르순 이기트(Dursun Yigit) 사장 겸 편집장은 이 방송사의 지향점을 이같이 밝혔다. TV베를린은 1997년 설립한 민영 방송사로, 베를린과 인근 브란덴부르크 주를 주된 시청 권역으로 삼고 있다.

이기트 사장은 "약 1700만 가구가 TV베를린과 접촉할 수 있다"고 말했다. 현재 약 100명이 일하고 있으며, 이중 정규직은 30명 수준이라고 전했다.

이기트 사장은 "지역 방송의 중요성은 빠른 속도로 확대되고 있다"고 강조했다. 그는 "전국 방송이 어려움을 겪는 반면, 지역 방송에 대한 관심과 시청률은 상승하고 있다"고 주장했다.

이어서 "특히 독일과 같은 연방 국가, 분권주의 국가에서는 지역마다 이해관계가 첨예하게 부딪힌다. 그렇기 때문에 서로 다른 이해를 반영할 수 있는 지역 방송의 중요성이 계속 높아지고 있다"라고 말했다.

▲ TV베를린의 두르순 이기트(Dursun Yigit) 사장 겸 편집장(가운데).

차별화 전략은 지역 중심 콘텐츠와 인터뷰

TV베를린은 주로 지역 뉴스와 토크쇼를 중심으로 콘텐츠를 제작하고 있다. 이기트 사장은 "일반 방송에서 할 수 없는 포맷의 프로그램을 많이 송출하고 있는데, 특히 인터뷰 같은 경우는 굉장히 긴 분량이다"라고 말했다.

디지털 플랫폼 활용과 TV 시청 방식의 변화

디지털 플랫폼 활용에도 적극적이다. 이기트 사장은 "시청 횟수를 보면 한 달에 600만 뷰 정도가 된다"며, TV베를린이 디지털 플랫폼을 적극 활용하고 있다고 강조했다.

특히 TV 시청 방식의 변화에 대해 "TV를 보지 않는다가 아니고, TV 콘텐츠를 보는 방식과 매체가 달라졌다"라고 말했다.

"과거의 TV 수상기로는 보지 않지만, 유튜브나 트위터 같은 다양한 채널을 통해 우리 콘텐츠를 소비하고 있다. 오히려 과거보다 더 많은 사람들이 TV 콘텐츠를 보고 있다고 본다."

"모기업 지원 받아도 독립성 유지는 독일 미디어 문화"

TV베를린은 'Godd 그룹'이라는 대기업 산하에 있어 부동산, 에너지 등 다양한 사업 분야의 지원을 받고 있다.

이기트 사장은 이를 근거로 "재정적 어려움은 없다"고 말했다.

재정 지원을 받으면서도 "독립성이 철저히 유지되는 그러한 전반적인 구조를 가지고 있다"고 말하며, 이는 "독일 미디어 산업의 전반적인 특성이자 문화다"라고 설명했다.

콘텐츠 구성 비율에 대해서는 "정보와 오락의 비율이 60대 40이다. 60%가 소위 말하는 뉴스와 정보 관련한 것이고, 40%가 오락 콘텐츠라고 보면 된다"라고 부연했다.

한편, 이기트 사장은 한국과 특별한 인연도 언급했다.

▲ TV베를린 대담 프로그램 스튜디오에서 필자.

그의 사촌 조부가 한국전쟁에 참전했다는 것. 그는 "사촌 조부로부터 들은 당시 상황과 이후 한반도의 발전상에 대해 잘 알고 있다"며, "한국에 대한 개인적 관심이 남다르다"고 전했다.

07

WDR 에센스튜디오
"지역 밀착 보도 시청률 35%"

WDR 에센스튜디오

WDR 에센스튜디오는 1956년 설립한 노르트라인베스트팔렌(NRW) 주의 지역 방송 스튜디오로, WDR(Westdeutscher Rundfunk) 소속이다. 이 스튜디오는 약 230만 명의 시청자를 대상으로 지역 뉴스를 비롯한 다양한 프로그램을 제공하며, 지역사회와의 밀착형 보도로 시청률 35%를 기록하고 있다. 주요 시청권역은 NRW 지역으로 보통 오전 7시 30분부터 오후 8시까지 30분 간격으로 지역 뉴스를 방영한다.

방송은 지역의 정치, 경제, 문화, 축제 등 다양한 주제를 다루며 지역 주민의 관심사에 초점을 맞추고 있다. WDR 에센스튜디오는 디지털 전환에도 적극 대응해 유튜브, 틱톡 등 다양한 디지털 플랫폼에서 활동하고 있다. 특히 젊은 시청자와의 소통을 강화하는 등 변화하는 미디어 환경 속에서도 성공적으로 적응하고 있다.

▲ WDR 에센스튜디오 마이클 렌츠(Michael Lenz) 편집장과 요아킴 쿠치(Joachim Kutsch) 편집자.

"우리는 트러플을 쫓는 돼지처럼 가장 중요한 정보만을 찾아 보도합니다. 그 결과 35%의 높은 시청률을 자랑하고 있죠."

독일 노르트라인베스트팔렌(NRW) 주 에센에 위치한 WDR(Westdeutscher Rundfunk, 서독일 방송) 에센스튜디오의 마이클 렌츠(Michael Lenz) 편집장이 지역 방송의 역할과 성과를 이같이 밝혔다. 지난해 10월 25일 한국언론진흥재단 언론인 연수단과 가진 간담회에서다.

WDR은 서독일 방송으로 독일의 대표적인 공영방송사인 ARD를 구성하는 방송사 중 하나다. WDR 에센스튜디오는 노르트라인베스트팔렌(NRW) 주 내 11개 지역 스튜디오 중 하나다. 렌츠 편집장에 따르면

WDR 에센스튜디오는 시청자 약 230만 명을 대상으로 방송을 제작하고 있다.

지역 밀착형 뉴스로 시청자 사로잡아

WDR 에센스튜디오는 주중 오전 7시 30분부터 오후 8시까지 30분 단위로 지역 뉴스를 방송한다. 렌츠 편집장은 "뉴스뿐만 아니라 이 지역의 문화, 경제, 축제 등 시민들이 관심 있어 하는 모든 것을 다루고 있다"고 말했다.

특히 저녁 7시 30분부터 8시까지 30분간 방송되는 지역 뉴스 프로그램이 인기다. 렌츠 편집장은 "NRW 주에서 35%의 시청률을 기록하고 있다"며, "우리가 이 지역의 마켓 리더"라고 자부했다.

WDR2 라디오 채널에서도 30분마다 2분 30초씩 로컬 뉴스를 송출하고 있다. 이는 라디오 청취자들에게도 지역 소식을 빠르게 전달하는 역할을 한다.

공영방송의 역할과 독립성 강조

WDR은 공영방송으로서 시청자들이 매달 내는 18.3유로의 수신료로

▲ WDR 에센스튜디오 요아킴 쿠치(Joachim Kutsch) 편집자가 스튜디오를 안내하고 있다.

운영된다. 렌츠 편집장은 "우리는 다양한 관점에서 방송해야 하고, 모든 것에 대해 취재해야 하며, 중립을 지켜야 하는 의무가 있다"고 설명했다.

그는 "가장 중요한 것은 우리가 공영 방송사임에도 불구하고 완전히 독립적이라는 것"이라며, "어느 당이나 정부도 우리가 송출한 내용에 대해 간섭할 수 없다"고 강조했다. 이는 제2차 세계대전 이후 미국·프랑스·영국 연합국이 도입한 체제로, 언론이 정부에 휘둘리지 않게 하기 위한 조치다.

WDR 운영을 감독하는 약 30명의 감사위원회가 있으며, 이 위원회는 각 정당, 종교단체, 노조 등 다양한 배경을 가진 인사들로 구성돼 있다. 이를 통해 방송의 공정성과 다양성을 유지하고 있다.

디지털 전환에 적극 대응

WDR 에센스튜디오도 미디어 환경 변화에 따른 위기감을 느끼고 있다. 렌츠 편집장은 "TV는 이제 오래된 매체이고, 우리를 보는 시청자들의 연령대가 점점 높아지고 있다"며, "그래서 디지털화에 대응해 온라인으로 많이 옮기려고 노력하고 있다"고 말했다.

이를 위해 유튜브, 틱톡, 인스타그램 등 소셜미디어 플랫폼별로 전담 인력을 배치했다. 렌츠 편집장은 "각 플랫폼의 특성에 맞는 콘텐츠를 제작하기 위해 전문가들을 활용하고 있다"고 설명했다.

요아킴 쿠치(Joachim Kutsch) 편집자는 "예전에는 TV에 송출됐던 것을 그대로 유튜브에 올렸지만 인기가 없었다"며, "이제는 각 플랫폼에 적절하게 콘텐츠를 재가공하고 있다"고 덧붙였다. 예를 들어, 20초짜리 틱톡 영상과 20분짜리 유튜브 영상은 각각 다른 전문가들이 플랫폼 특성을 고려해 제작하는 것이다.

다양한 채널과 프로그램으로 시청자 확보

▲ WDR 에센스튜디오 내부.

WDR은 총 6개의 채널을 운영하고 있으며, 그 중 하나인 'Cosmo' 채널은 외국인, 이민자, 난민들을 위한 프로그램을 다국어로 제공하고 있다. 이는 다양한 배경을 가진 시청자들의 요구를 충족시키려는 노력의 일환이다.

렌츠 편집장은 "우리는 하루를 스토리텔링처럼 구성하고 있다"며, "뉴스, 배경 지식, 현지인들의 생활 패턴, 축제, 문화 등을 하나의 드라마처럼 만들어 전달하고 있다"고 설명했다. 이러한 접근 방식은 시청자들의 관심을 끌고 유지하는 데 효과적인 전략으로 보인다.

WDR 에센스튜디오의 사례는 급변하는 미디어 환경 속에서 지역 방송이 어떻게 적응하고 발전할 수 있는지를 보여준다. 지역 밀착형 콘텐츠로 시청자의 신뢰를 얻으면서도 디지털 혁신을 통해 젊은 세대와 소통에 나서는 WDR의 전략은 한국 지역 방송에도 시사하는 바가 크다.

특히 공영방송으로서 독립성을 유지하는 한편 시청자들의 다양한 요구를 충족시키려는 노력과 변화하는 미디어 환경에 적극적으로 대응하는 모습은 주목할 만하다. 한국의 지역 방송들도 이러한 사례를 참고해 자체적인 혁신 전략을 모색할 필요가 있다.

3장

독일 언론의 혁신과 도전

독일 신문은 디지털 전환과 플랫폼 미디어 성장 속에서 위기를 맞았다. 그러나 베를리너 차이퉁(Berliner Zeitung)은 디지털 혁신으로 돌파구를 찾고 있으며, 라이니쉬 포스트(Rheinische Post)도 디지털 혁신을 통해 생존 전략을 모색 중이다. 독일 언론은 변화하는 환경에 맞서 혁신을 시도 중이고, 한국 언론도 유사한 도전에 직면해 있다.

08

독일 신문의 위기와 혁신 노력 그리고 한국 언론

독일신문발행인협회(BDZV)

BDZV는 1954년에 설립한 독일 신문산업 대표 기관이다. 전국 약 340개 신문사가 회원으로 참여한 가운데 지역 신문사들 비중이 약 90%를 차지한다. 협회는 신문의 독립성과 언론 자유를 지키는 데 중점을 두며 회원사의 권익 보호와 정치·법률적 로비 활동을 수행한다. 또한 저널리즘 관련 연구와 교육 프로그램을 제공해 언론인의 전문성 향상에 기여한다. BDZV는 디지털 전환과 광고 수익 감소 등 신문산업이 직면한 도전에 대응하고자 정부와 협력해 산업 안정성과 경쟁력을 높이는 방안을 모색한다. 특히 디지털 구독 모델 개발과 광고 수익 다변화를 위한 전략을 추진한다. BDZV는 매년 독일 신문산업의 현황과 발전 방향을 제시하는 연차 보고서를 발간하고, 언론 자유와 표현의 자유를 지키기 위한 캠페인도 전개한다. 또한 '독일 신문상' 등의 시상식을 통해 우수한 저널리즘 활동을 장려한다. BDZV는 유럽신문발행인협회(ENPA)와 협력해 글로벌 언론 이슈에 공동 대응하고 있다.

▲ 안야 파스콰이 독일신문발행인협회 커뮤니케이션 담당자(왼쪽)와 팀 앤데 협회지 편집 담당자(오른쪽).

독일 신문 시장의 현주소와 생존 전략

독일은 유럽 최대 신문 시장이다. 독일신문발행인협회(BDZV)에 속한 신문사 340여 개가 발행하는 일간 발행 부수만 1350만부에 달한다. PDF 파일 형태의 E-페이퍼(디지털 신문) 신문도 260만부가 발행된다.

독일 신문 340여 개 중 306개가 지역신문에 해당한다.

독일은 온라인 뉴스 분야인 디지털 부문에서도 2000여 개의 뉴스 공급처 간 치열한 경쟁을 벌이고 있다. 독일신문발행인협회는 자신들의 회원사 중 지역신문이 약 90%를 차지하며, 이들이 여론 형성에 큰 영향력을 발휘하고 있다고 했다.

그러나 거대한 시장 규모에도 불구하고 독일 신문업계는 위기감을 느끼고 있다. 독일신문발행인협회 관계자들을 만나 현주소와 돌파구에 대해 심층적으로 들어봤다.

"아직 50대 이상의 충성도 높은 구독자들 덕분에 버티고 있지만, 이들이 점차 줄어들고 있어요. 젊은 독자는 대부분 저렴한 디지털 구독으로 넘어가고 있죠. 광고 매출도 계속 하락세입니다. 구독료와 광고라는 두 축이 함께 흔들리고 있는 겁니다."

안야 파스콰이 독일신문발행인협회 커뮤니케이션 담당자는 구독자 이탈과 광고 축소로 인한 이중고를 토로했다. 종이신문 구독자가 이탈하면서 전통적인 수익 기반이 약화됐고, 여기에 더해 최근엔 인쇄·배달 비용까지 급등하며 수익성이 더욱 나빠지고 있다는 것이다.

정부 직접 지원은 언론 독립성 훼손 우려… 간접 지원은 수용

이에 독일 신문업계에서도 정부에 지원을 요청하는 목소리가 나오고 있다고 했다. 하지만 그란트 국장은 "정부의 직접적인 재정 지원은 반대한다"며, 신문의 독립성과 공정성 훼손을 우려했다.

언론이 정부로부터 직접적인 재정 지원을 받으면 언론 본연의 기능인

권력을 견제하고 감시하는 책무로부터 자율성과 독립성이 훼손될 수 있다는 우려였다.

"언론의 기본 책무는 정부와 국가를 감시하고 비판하는 겁니다. 거기에 정부 지원금이 끼어들면 자유로운 비판이 어려워져요. 우리 회원사들도 정부 개입에 대한 경계심을 늦추지 않고 있죠."

다만 과도기적 차원의 지원은 요구하고 있다. 우선 인쇄 매체에 적용되는 부가세율(7%) 폐지다. 또 독자가 적은 시골 지역 배달망 유지를 위한 배송 보조금 지급도 건의하고 있다. 독일의 부가가치세 세율이 19%고, 신문사에 적용되는 세율이 7%인 점을 감안하면 부가세율 폐지로 지원받는 재정적 금액은 적지 않은 셈이다.

독일신문 발행인협회, 포털 저작권료 소송 제기
방화벽 설치 등 기술 대응도 검토

그러나 독일신문발행인협회의 경우 근본적 해법 역시 자구책에서 찾고 있다고 했다. 무엇보다 뉴스 유통의 새로운 강자인 포털에 대한 대응이 시급하다고 강조했다.

글로벌 포털 기업이 뉴스 콘텐츠를 무단 전재하며 광고 수익을 빼앗아 가고 있기 때문이다. 이에 독일신문발행인협회는 구글, 애플, MS 등 글로벌 빅테크 기업을 상대로 저작권료 소송전에 돌입했다.

안야 파스콰이 독일신문발행인협회 커뮤니케이션 담당자는 "이미 프랑스와 오스트리아 등에선 포털의 저작권료 지급이 이뤄지고 있다"며, "독일도 방화벽 설치 등 기술적 조치로 국내 미디어 콘텐츠를 포털이 무단 이용하는 것을 막는 방안까지 검토하고 있다"고 말했다.

독일 신문의 생존 전략은 '독자 중심'에 방점

콘텐츠 경쟁력을 높이는 일도 시급하다고 했다. 그간 언론사들이 공급자 중심의 사고에 매몰돼 있었다면, 이제는 철저히 수요자 관점에서 접근해야 한다는 것이다.

안야 파스콰이 독일신문발행인협회 커뮤니케이션 담당자는 "독자, 특히 젊은 세대가 무엇을 원하는지 고민하고 그에 맞는 콘텐츠를 제공하는 게 관건"이라며, "지역별, 시간대별로 특화된 맞춤형 정보를 내놓을 수 있어야 한다"고 역설했다.

이를 위해 독일 신문사들은 데이터를 분석해 독자들의 관심사와 요구를 실시간으로 포착하는 데 공을 들이고 있다. 그녀는 "개인화된 뉴스레터 발송을 통해 이용자와의 접점도 늘려가고 있다"고 부연했다.

"치열해진 경쟁 속에서 살아남기 위해선 경쟁력 있는 콘텐츠 생산도 필수"라고도 했다. 아울러 "독일에는 언론 전문 인력 양성과 질적 향상을 위한 다양한 제도적 장치가 마련돼 있다"고 밝혔다.

그녀는 "현재 운영하는 저널리즘 관련 시상식만 250개에 달한다"며, "기자의 전문성 향상과 역량 있는 인재 발굴에 도움이 되고 있다"고 설명했다.

일부 신문사는 수익원 다각화에도 적극 나서고 있다. 쇼핑, 금융, 부동산 등 연관 사업에 진출하는 한편, 유료 강좌나 자문 서비스 등으로 사업 영역을 넓혀가고 있다. 다만 아직 주력 비즈니스 모델로 자리 잡기엔 한계가 있다.

통일 후에도 계속되는 동서독 신문 시장 격차
독일 언론계의 고민

신문의 위기는 비단 경영난에 그치지 않는다. 언론에 대한 신뢰 하락이 독일에서도 심각한 문제라고 했다. 특히 통일 후 동서독 간 신문 시장 격차와 동서 지역 갈등은 좀처럼 개선될 기미가 보이지 않는다고 전했다.

통일 후 주로 서독 자본이 동독 신문사를 대거 인수하고 새 지면을 쏟아내며 시장 장악에 나섰지만, 정작 동독 주민들에게 외면을 받고 있다는 것이다. 팀 앤데 독일신문발행인협회지 편집 담당자는 "동독 지역에선 서독발 신문을 자신들의 목소리를 대변할 수 없는 이질적 매체로 여긴다"며, "지역 정서와 역사관의 차이가 뿌리 깊다"고 토로했다.

이러한 현실은 곧 언론 불신으로 이어지고 있다. 동독 출신의 저명 기자가 부족한 현실도 한몫하고 있다. 그는 "결국 시장 재편 과정에서 소외된 동독 주민들의 민심을 되돌리는 게 시급한 과제"라고 했다.

독일 신문의 위기 타개 방안과 한국 언론에 주는 시사점

독일 신문의 위기를 타개하기 위해선 정부의 일방적 지원보다 시장 친화적 자구책 마련에 방점을 둬야 한다는 데 업계의 공감대가 형성돼 있다. 그러면서도 한시적 세제 혜택과 유통망 지원 등 제도적 보완도 필요하다는 지적이다.

안야 파스콰이 독일신문발행인협회 커뮤니케이션 담당자는 "지역 균형 발전을 위해 소외 지역신문에 대한 지원과 동서독 간 시각차 해소를 위한 노력도 병행돼야 한다"고 강조했다.

디지털 혁신과 플랫폼 경쟁 속에서 고전하는 상황은 비단 독일만의 문제가 아니다. 한국 역시 종이신문 쇠락과 포털의 영향력 확대라는 공통된 도전과제에 직면해 있다.

정부 지원에 의존하기보다 시장 논리에 입각해 경쟁력을 높여야 한다는 점, 그러면서도 공적 기능 수행을 위한 제도적 지원은 필요하다는 점 등, 독일 사례는 시사하는 바가 크다.

급변하는 미디어 지형 속에서도 공론장으로서 저널리즘의 가치와 영향력을 지켜내기 위한 독일 언론계의 모색은 오늘도 계속되고 있다. 한국 신문도 창의적 자구책 마련과 제도적 보완, 사회통합 역할 제고라는 공통의 숙제 앞에 서 있다.

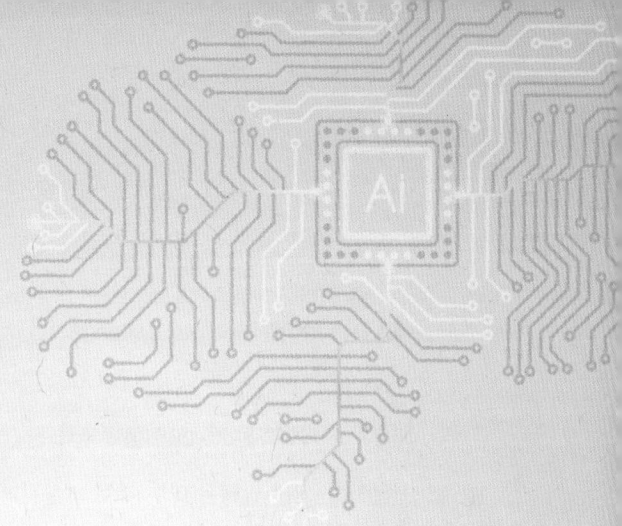

09

베를리너 차이퉁 (Berliner Zeitung), 디지털 전환 '혁신' 돌파 모색

베를리너 차이퉁(Berliner Zeitung)

베를리너 차이퉁은 1945년 동독에서 창간한 베를린 지역 일간신문이다. 처음 발행된 이후 주로 베를린과 동독 지역에서 읽혔으며, 독일 통일 이후에도 지속적으로 발행됐다. 통일 후 서독 언론 기업이 인수해 운영했고, 특히 2009년에는 독일 미디어 기업 뒤몽 샤우베르그(DuMont Schauberg)에 매각됐다. 2019년 독일 사업가 홀거 프리드리히와 실케 프리드리히 부부가 인수한 이후 디지털 전환에 맞춘 혁신을 추진하고 있다.

이 신문은 중도좌파 성향을 지니며, 정치·경제·사회·문화 전반에 걸친 심층적인 보도를 제공한다. 베를리너 차이퉁은 특히 베를린과 그 주변 지역에서 큰 인기를 끌며 동베를린 출신 독자들 사이에서 여전히 중요한 역할을 하고 있다.

현재 베를린에서 두세 번째로 구독자가 많은 신문으로 자리잡고 디지털 미디어 시대에 맞춘 혁신과 변화를 모색하고 있다.

정보 홍수 시대, 신뢰할 만한 콘텐츠가 언론의 돌파구

독일 베를린 지역 언론 베를리너 차이퉁(Berliner Zeitung)은 1945년 5월 21일 동베를린에서 처음 발행했다.

독일이 제2차 세계대전에서 패배한 후 동독에서 출발한 베를리너 차이퉁은 동베를린에서 중요한 기관지 역할을 했다. 1990년 독일 통일 후 서독 자본에 인수됐다. 현재 독일 내 중도좌파 성향의 정론지다.

베를리너 차이퉁은 디지털 전환기를 맞아 새로운 도전에 직면해 있다. 베를리너 차이퉁의 토마츠 쿠리아노비츠(tomasz kurianowicz) 편집장은 2023년 10월 한국언론진흥재단 언론인들과 만난 자리에서 "뉴스가 넘쳐나는 정보의 홍수 속에서 독자의 신뢰를 얻는 것이 언론 생존의 관건"이라고 강조했다.

그는 종이신문 발행 부수가 1990년대 초반 최고 21만부에서 현재 8만부 수준으로 급감한 것을 두고 "디지털 대전환기에 닥친 인쇄 신문의 위기를 단적으로 보여주는 지표"라고 진단했다. 특히 "젊은 층을 중심으로 뉴스 소비가 디지털 기기로 급속히 이동하면서 종이신문은 설 자리를 잃어가고 있다"고 위기감을 나타냈다.

이는 언론이 비교적 발달한 독일뿐만 아니라 세계 신문 업계의 공통된 고민이기도 하다. 쿠리아노비츠 편집장은 "구글, 페이스북 등 거대 플랫폼의 부상으로 뉴스 유통 지형이 근본적으로 바뀌었다"며, "플랫폼에 종속되지 않으면서 지속가능한 수익 모델을 창출하는 것이 언론계의 난제"라고 토로했다.

발행 부수 급감에 위기감 3~4년 내 종이신문 사라질 수도

실제로 베를리너 차이퉁의 발행 부수는 종이신문 전성기였던 1990년대 초반 21만부에서 2023년 8만부로 급락했다. 쿠리아노비츠 편집장은 "이대로라면 3~4년 안에 종이신문이 모두 자취를 감출 수 있다"고, 위기의식을 숨기지 않았다.

전통적인 수익원이었던 지면 광고 시장의 급속한 위축도 주요 원인으로 작용했다. 쿠리아노비츠 편집장은 "과거 비즈니스 모델로는 도저히 신문사를 지탱할 수 없게 됐다"고 진단했다.

다만 그는 "저널리즘 본연의 가치를 구현하면서 변화에 적응하는 것만이 줄"이라고 상조했다. 그리고 "플랫폼에 종속되지 않으면서 독자와 공감하는 새로운 저널리즘 모델을 모색해야 한다"고 부연했다.

심층 주말판과 독자 데이터 분석으로 디지털 전환 가속화

베를리너 차이퉁은 이런 문제의식 아래 종이신문 중심 플랫폼을 디지털로 전환하는 데 박차를 가하고 있다. 쿠리아노비츠 편집장은 토요일

▲ 독일 베를린 지역 언론 베를리너 차이퉁(Berliner Zeitung)이 발행하는 주말판을 들고 설명하는 토마츠 쿠리아노비츠(tomasz kurianowicz) 편집장.

에 발행하는 주말판의 경우 지면 디자인을 과감히 바꾸고 심층 기사 비중을 대폭 늘리는 등 변화를 시도하고 있다고 밝혔다. 그는 이를 두고 "젊은 독자층 확보를 위한 실험"이라고 설명했다.

나아가 "조만간 주중에는 온라인에 주력하고 주말에만 종이신문을 내는 방안도 검토 중"이라고 덧붙였다. 그는 "완전한 디지털 전환은 피할 수 없는 흐름"이라면서도 "저널리즘 고유의 가치를 지키면서 변화의 속도와 폭을 조절하는 것이 관건"이라고 강조했다.

또 다른 눈에 띄는 변화로는 독자 데이터 분석이 있다.

베를리너 차이퉁은 기사별 클릭 수, 플랫폼 체류 시간, 댓글 등 각종 데이터를 실시간으로 모니터링하며 독자들의 관심사와 뉴스 소비 행태 변화를 파악하고 있다.

쿠리아노비츠 편집장이 보여준 베를리너 차이퉁 실시간 모니터링 상황을 보면 실제로 지역 교통 정책, 동베를린 지역과 서베를린 지역 간 격차, 주택난 등 베를린 시민들의 삶과 밀접한 기사가 높은 조회수를 기록하는 등의 양상을 보여, 이미 데이터 기반 저널리즘이 뉴스 제작 현장에서 활발히 활용되고 있는 것을 살필 수 있었다.

그는 "과거에는 기사를 쓰기만 하면 독자가 찾아줄 것으로 믿었지만, 지금은 그런 수동적 자세로는 살아남기 어렵다"고 말했다. 정보의 홍수 속에서 한 편 한 편의 기사가 독자의 선택을 받기 위한 경쟁력을 갖춰야 한다는 것이다.

그는 또 "데이터 분석으로 독자의 이해와 요구, 관심사를 면밀히 파악하고, 이에 맞는 콘텐츠를 제공하는 것이 디지털 시대 저널리즘의 핵심 과제"라고 역설했다.

"클릭에 연연 않고 약자 위한 정론 펼치며 저널리즘 본분 지킬 것"

그러면서도 쿠리아노비츠 편집장은 클릭 수에만 매몰돼선 곤란하다고 지적했다. 그는 "언론사 홈페이지 온라인 트래픽도 중요하지만 그것 때문에 선정적이고 자극적인 기사에 빠져서는 안 된다"고 선을 그었다.

그는 "저널리즘은 사회적 약자와 소수자를 대변하고, 민주주의의 견

▲ 독일 베를린 지역 언론 베를리너 차이퉁의 토마쯔 쿠리아노비츠(tomasz kurianowicz) 편집장과 간담회 중인 한국 언론인들.

인차 역할을 해야 한다"며, "이 존재 이유를 망각하는 순간 우리는 독자의 신뢰를 잃게 될 것"이라고 말했다.

베를리너 차이퉁은 이 같은 저널리즘 실현을 위해 젠트리피케이션(gentrification, 도심 지역의 재개발로 인해 중산층 이상의 사람들이 유입되면서 기존 저소득층 주민이 밀려나는 현상), 이주민 문제, 빈곤 등 사회적 약자의 현실을 조명하는 기사를 꾸준히 게재하며 '책임지는 저널리즘'을 실천하려 노력한다고 밝혔다.

쿠리아노비츠 편집장은 "영향력 확대도 중요하지만 우리의 진정한 존재 이유는 정론을 펴는 것"이라며, "공정성과 진실성을 저버리지 않는 한에서 변화와 혁신을 모색할 것"이라고 다짐했다.

독일 통일 후유증 여전… 동서독 출신 간 시각차 아직 커

한편, 베를리너 차이퉁 내부에도 독일 통일 후 후유증이 남아있다고 했다. 편집장 말에 따르면, 신문사 내 동서독 출신 기자들 사이에서 국제 문제를 바라보는 온도 차가 여전히 존재한다.

그는 "대표적으로 러시아와 중국 문제를 놓고 동서독 출신 기자들의 시각 차이가 확연하게 드러난다"며, "서독 출신은 이 국가들을 경계 대상으로 보는 반면, 동독 출신 일부는 '우호국'으로 인식하곤 한다"고 전했다.

편집장은 "통일 후에도 동서 분단의 트라우마가 우리 내부에 여전히 자리하고 있음을 실감한다"고 말했다. 특히 "언론계 재편 과정에서 동독 출신 기자들이 자존심에 상처를 입은 건 사실"이라며 안타까움을 표했다.

하지만 그는 "이제 동서를 떠나 '하나의 독일 언론인'으로 거듭나야 할 때"라고 부연했다. 이를 위해 "다양한 구성원의 목소리를 존중하되, 사실에 근거해 균형 잡힌 시각을 제공하는 것이 베를리너 차이퉁의 역할"이라고 덧붙였다.

쿠리아노비츠 편집장은 끝으로 "정보와 뉴스의 홍수 속에서 언론이 살아남아 제 역할과 기능을 수행하려면 무엇보다 신뢰할 만한 콘텐츠로 독자와 공감대를 형성해야 한다"고 강조했다.

아울러 "베를리너 차이퉁은 변화의 소용돌이 한가운데서도 저널리즘 본연의 사명을 잊지 않을 것"이라며, "기술은 수단일 뿐 언론의 궁극적 존재 이유는 우리 사회 곳곳의 목소리에 귀 기울이며 시대와 호흡하는 것"이라고 부연했다.

10

디지털 혁신으로 활로 찾는 라이니쉬 포스트
(Rheinische Post)

Rheinische Post(라이니쉬 포스트)

라이니쉬 포스트는 제2차 세계대전 후 1946년 3월 2일 설립된 독일의 지역신문으로, 노르트라인베스트팔렌 주에서 발행된다. 본사는 뒤셀도르프에 위치하며, 주로 중도 우파 성향을 띠며 정치·경제·사회·문화 전반에 걸친 심층적인 보도를 제공한다. 라이니쉬 포스트는 31개의 지역판을 발행하며, 서부 독일에서 중요한 언론으로 자리 잡고 있다.

라이니쉬 포스트는 디지털 전환에도 성공적으로 대응하고 있으며, 2020년부터 유료 구독 모델인 RP+를 도입해 디지털 콘텐츠 제공을 확대했다. 현재 약 20만부의 일간지가 발행되며, 유료 온라인 구독자는 약 5만명에 이르고 그중 3만명은 종이신문 구독을 병행하고 있다. 디지털 퍼스트(Digital First) 전략에 따라 기사를 온라인에 먼저 게재한 후 선별해 지면에 싣고 있으며, 하루 약 300~400건의 기사를 웹에 실시간으로 게재한다.

라이니쉬 포스트는 2030년까지 매출의 50% 이상을 디지털에서 얻는 것을 목표로 하며, 독자들이 다양한 플랫폼에서 양질의 콘텐츠를 쉽게 접할 수 있게 하는 전략을 추진 중이다.

▲ 독일 노르트라인베스트팔렌 주 뒤셀도르프 소재 지역언론 '라이니쉬 포스트(Rheinische Post)'의 모리츠 되블러(Moritz Doebeler) 편집국장과 한국언론진흥재단 디플로마 지역언론 연수 참가 기자단.

장기적으로 종이신문 붕괴 불가피

"전통적으로 독일 사람들은 신문을 좋아하고 열심히 읽었습니다. 100년 전만 해도 베를린 한 도시에만 일간지가 100개나 있었으니까요. 지금은 디지털 전환으로 인쇄 매체가 위축되고 있지만, 여전히 독일에선 종이신문을 즐겨 보는 문화가 남아있습니다"

1946년 창간된, 독일 노르트라인베스트팔렌 주 뒤셀도르프에 소

▲ 독일 노르트라인베스트팔렌주 주도 뒤셀도르프 소재 지역언론 '라이니쉬 포스트'의 모리츠 되블러(Moritz Doebeler) 편집국장.

재한 지역신문 '라이니쉬 포스트(Rheinische Post)'이 모리츠 되블러(Moritz Doebeler) 편집국장은 지난해 10월 25일 한국 기자단과의 간담회에서 이같이 말했다.

라이니쉬 포스트는 뒤셀도르프를 비롯한 노르트라인베스트팔렌 주 내 주요 도시와 수도 베를린 등에 일간지 20만부를 발행하는 영향력이 큰 지역신문이다.

되블러 편집국장은 이어 "다만 지난 수십 년간 전반적인 일간지 시장 규모가 크게 줄었고, 특히 젊은 층의 종이신문 이탈이 뚜렷하다"며, "장기적으로 종이신문의 붕괴는 피할 수 없는 추세"라고 내다봤다.

발행 부수 20만, 온라인 구독자 5만… 디지털 전환 박차

되블러 편집국장에 따르면 라이니쉬 포스트의 일간지 발행 부수는 약 20만부에 달한다. 이와 별개로 유료 온라인 구독자는 약 5만 명이며, 이 중 약 3만 명이 지면 구독을 병행하고 있다.

특히 그는 온라인 구독 비율을 높여나가는 데 주력하고 있다고 강조했다. 그는 "디지털 퍼스트(Digital First) 전략에 따라 기사를 온라인에 먼저 올리고 엄선해 지면에 싣고 있다"며, "앞으로 몇 년 내 디지털 유료 구독자 수가 인쇄신문 구독자를 앞지를 것"이라고 내다봤다.

그는 또 "최종 목표는 2030년까지 매출의 50% 이상을 디지털에서 올리는 것"이라며, "광고 말고도 유료 구독 수익을 다각화해야 한다"고 덧붙였다.

라이니쉬 포스트의 디지털 전환 속도는 매우 빠르다. 현재 하루 300~400건의 기사를 실시간으로 웹에 게재한 뒤 이중 엄선된 기사만 지면에 싣고 있다. 독자들이 어떤 플랫폼에서든 양질의 콘텐츠를 접할 수 있게 한다는 전략이다.

현지 밀착 보도가 독자 신뢰 얻어

한편 되블러 편집국장은 지역 독자와의 신뢰 관계가 라이니쉬 포스트의 가장 큰 자산이라고 강조했다. 그는 "전체 구독자의 80%가 서비스 대상 지역 주민들"이라며, "특히 뒤셀도르프에 절반가량이 몰려있다"라고 했다.

그는 또 "라이니쉬 포스트는 다른 신문들과 달리 각 도시마다 별도 취재 거점을 두고 밀착 보도에 나선다"며, "네덜란드 국경에서 쾰른과 뒤셀도르프 등 주요 도시를 잇는 광역권을 커버한다"고 설명했다.

그는 "지역 내 모든 이슈를 발 빠르게 보도하는 것은 물론, 주요 사안에 대해선 깊이 있는 분석과 해설을 곁들이는 데 주력한다"고 강조했다. 아울러 "신뢰도 높은 현지 광고주들과의 돈독한 관계도 비결"이라며, "지역 밀착형 언론으로서 브랜드 가치를 높이는 데 힘쓰고 있다"고 덧붙였다.

AI가 기자 대체? 당분간 어려워

되블러 편집장은 최근 화두로 떠오른 인공지능(AI) 기술에 대해선 신중한 입장을 견지했다. 그는 "편집국 업무부터 기사 작성, 새로운 서비스 개발까지 AI 활용을 테스트해보고 있지만, 아직 기자를 완벽히 대체하진 못한다"고 말했다.

그는 오히려 AI의 콘텐츠 생성 기능이 가짜 뉴스 확산을 불러올 수 있다고 경계했다. "기사 형식을 갖췄다고 문법상 오류가 없고 읽기 편하다고 해서 다 옳은 것은 아니"라며, "진실성과 정확성 검증에 더 많은 시간이 든다"고 지적했다.

이어 "우리는 AI 기술을 업무에 적극 활용할 계획이지만, 기계가 아닌 기자의 전문성이 담보된 기사만이 독자의 신뢰를 얻을 수 있다고 믿는다"고 강조했다. 그는 실제 사례로 "중국 시진핑 주석을 독재자로 표현한 독일 장관 관련 기사를 AI로 작성해보니 사실관계 오류가 있었다"며 "아직 AI 기술을 전적으로 신뢰하긴 어렵다"고 말했다.

뉴스레터 구독자 44만, 팟캐스트 6개 제작

되블러 편집국장은 라이니쉬 포스트가 저널리즘의 기본에 충실하면서도 새로운 플랫폼 실험을 게을리하지 않는다고 했다.

라이니쉬 포스트는 현재 팟캐스트 채널 6개와 뉴스레터 12개를 제작해 독자와 소통하고 있는데, 뉴스레터 구독자만 44만 명에 달한다고 한다. 영상 제작에도 공을 들여 지난해 유튜브 등 플랫폼에서 총 950만 뷰를 기록했다.

다만 되블러 편집국장은 소셜미디어로 유입되는 독자가 점차 줄고

▲ 라이니쉬 포스트(Rheinische Post) 홈페이지 화면 하단에 'RP+'라고 지면과 온라인 구독 병행 할인상품을 안내하고 있다.

있다고 전했다. 특히 "페이스북의 경우 과거엔 기사로의 접근성을 높여 줬지만, 지금은 영상 중심으로 바뀌면서 언론사 입장에선 효용 가치가 없어졌다"고 분석했다. 대신 "이메일 뉴스레터나 자사 앱을 통한 독자 유입에 더 주력하고 있다"며, "퀄리티 높은 콘텐츠에 충성도 높은 구독자가 돈을 내는 선순환 구조를 만드는 게 관건"이라고 강조했다.

라이니쉬 포스트(Rheinische Post)의 디지털 혁신 방향성

그렇다면 디지털 전환기 속에서 지역신문은 어떤 전략으로 돌파구를 모색해야 할까. 되블러 편집국장은 우선 "독자와의 직접 소통을 늘려 브랜드 가치를 높이는 것이 중요하다"고 제언했다.

그는 "지금까지 독자의 3분의 2가량이 구글 검색을 통해 우리 기사를 봤는데, 앞으로는 포털이 아닌 개별 언론사 사이트로 바로 유입되는 비율이 점점 늘 것"이라고 전망했다.

이어 "AI 검색 기술로 인해 포털에선 기사 원문이 아닌 요약문만 보일 것"이라며, "구독자 수 자체는 줄어들겠지만 충성도 높은 독자는 늘어날 수 있다"고 내다봤다. 그러면서 "결국 '우리 신문이 제공하는 콘텐츠가 믿을만한 가치가 있다'는 점을 보여주는 게 디지털 시대 생존의 관건"이라고 강조했다.

음성 기반 인터페이스와 AI 맞춤형 뉴스 추천 서비스

아울러 되블러 편집국장은 '음성 기반 인터페이스'와 'AI 맞춤형 뉴스 추천' 서비스 등 차별화된 구독 서비스를 제공할 계획이라고 밝혔다.

'음성 기반 인터페이스'란 음성으로 기사를 검색하거나 브리핑을 들을 수 있게 하는 서비스를 뜻한다. 라이니쉬 포스트는 음성 합성 기술을 활용해 '오디오 아바타' 서비스를 출시할 예정이라고 했다. 이를 통해 에디터의 목소리로 기사 본문을 읽어주거나 관련 소식을 브리핑해준다는 계획이다. 현재 이 서비스는 한국에서 '한겨레'도 도입한 시스템이다.

'AI 맞춤형 뉴스 추천'은 독자의 관심사와 소비 패턴 등을 AI가 분석해 개인별로 최적화된 뉴스를 자동 추천해주는 시스템이다. 연령대와 선호 주제, 기사 소비 시간대 등을 종합해 개개인에게 꼭 맞는 콘텐츠를 제공함으로써 구독 만족도를 높인다는 전략이다.

4장

독일 언론의 새로운 모델

독일 언론은 새로운 모델을 통해 저널리즘의 변화를 이끌고 있다. 협동조합형 신문인 '타츠(taz)'는 독립 언론의 길을 모색하며, 본인스티튜트는 솔루션 저널리즘으로 문제 해결에 초점을 맞춘다. 또한, 독립 언론 '피어눌(Pinol)'은 시민들이 직접 참여하는 새로운 선택지를 제공하고 있다. 이 모델들은 독일 언론의 전통적 한계를 넘어서기 위한 중요한 시도로 평가된다.

협동조합 정론지 타츠(taz), 저널리즘의 새 길을 묻다

타츠(taz)

타츠는 1978년 서베를린에서 창간된 독일의 진보 성향 일간지로, 독립적인 저널리즘을 추구한다. 협동조합 형태로 운영되며, 약 2만2500명의 조합원들이 신문 운영과 의사결정에 참여한다. 타츠는 광고 수익에 의존하지 않고 주로 독자들의 구독료와 기부금으로 운영한다. 유럽을 흔든 68혁명 이후 발행 초창기부터 서독 사회에서 대안 미디어로 자리 잡았으며, 진보적인 시각에서 사회 정의, 인권, 환경 문제를 집중적으로 다룬다. 녹색당을 주로 비판하는데 독일 내 녹색당의 영향력만큼 녹색당이 진보적 의제에 소홀하면 안 된다는 취지라고 한다.

2022년 기준 타츠의 구독자는 약 4만2000명이다. 이는 지면과 e-페이퍼(디지털 신문) 구독자를 포함한다. 디지털 퍼스트 전략을 통해 온라인 기사를 우선적으로 게시하고 있다.

타츠는 언론 자유와 독립성을 유지하기 위한 여러 캠페인을 진행하며, 독일뿐만 아니라 국제적으로도 영향력을 넓히고 있다.

1978년 좌파 운동가들이 창간,
구독자 후원 모델로 독립성 지켜내

1978년 창간된 독일 일간지 '타츠(taz.die tageszeitung)'는 좌파 성향 운동가, 지식인, 학생 등 약 30명이 모여 만든 신문이다. 이들은 자본으로부터 자유로운 언론을 추구했다. 창간 초기 4000여명의 구독자가 '구독료 선납 캠페인'에 동참하며 재정적 기반을 닦았다. 당시 대부분의 운영진과 기자들은 자원봉사로 참여했다.

타츠 공동편집장 울리케 빈켈만(Ulrike Winkelmann)은 "구독자들의 선납이 없었다면 타츠는 살아남기 어려웠을 것"이라며, "이는 우리 저널리즘을 향한 신뢰의 표현이었다"고 회상했다. 그는 "우리는 시장 논리에 휘둘리지 않고 오직 구독자를 위해 일할 수 있었다"고 말했다.

빈켈만은 "우리는 결코 자본의 논리에 굴복하지 않는다"며, "이는 독자들의 신뢰가 있기에 가능한 일"이라고 강조했다. 이어 "우리에겐 자본도 권력도 없다. 오직 진실과 양심, 연대할 독자들이 있을 뿐"이라고 덧붙였다.

그는 "우리 신문은 운동가들이 중심이 된 신문"이라며, "정치적 운동으로 시작한 측면이 강하다"고 설명했다.

창간 멤버였던 빈켈만 편집장은 타츠가 자본 없이 운영하는 과정이 순탄치 않았음을 시사했다. 그는 "매번 파산 직전까지 가곤 했다. 하지

▲ 사진 왼쪽부터 타츠(taz)의 스벤 한젠(Sven Hansen) 아시아 전문 기자, 울리케 빈켈만(Ulrike Winkelmann) 편집장, 라이너 루츠(Rainer Rutz) 베를린 지역 공동 책임자.

만 독자들과 지원자들 덕분에 살아남을 수 있었다"고 회상했다. 이어 "장기적 관점에선 (재정적) 토대를 잡아야 했다, 큰 신문사에 합병되거나 협동조합으로의 전환이 대안으로 제시됐다"고 설명했다.

편집권 독립 위해 협동조합 전환, 조합원 2만3000명이 '주인'

1991년 타츠는 편집권 독립을 위해 협동조합 형태로 전환했다. 조합

원인 독자들이 '1인 1표'의 의결권을 행사하는 구조다. 현재 조합원은 약 2만3000명이다. 이들은 총회에서 경영진과 편집국을 감시·견제하지만, 기사 작성에는 관여하지 않는다.

타츠 베를린 지부장 라이너 루츠(Rainer Rutz)는 "설령 조합원이라도 기사 내용에는 일절 개입할 수 없다"며, "이는 편집권 독립을 위해 반드시 지켜야 할 원칙"이라고 말했다. 그는 "협동조합으로 전환 후 외부 자본과 광고주로부터 영향력이 원천 차단됐다"고 설명했다.

빈켈만 공동편집장은 "조합원이 곧 주인"이라며, "우리는 이들의 의지에 귀 기울일 의무가 있다"고 말했다. 다만 "기사에 대해선 어떠한 개입도 허용치 않는다"며, 편집권 독립 원칙을 거듭 강조했다. 그는 "타츠엔 투자자도, 대주주도 없다"며, "오로지 진실을 좇고 약자의 편에 서는 게 우리의 존재 이유"라고 역설했다.

광고 지면 10% 안팎 제한… 특정 자본 영향력 차단

타츠는 광고에 일정한 제한을 두고 있다. 전체 지면에서 광고가 차지하는 비중을 10% 내외로 유지한다. 광고도 주로 공익광고나 공공기관 광고 등으로 한정한다. 루츠 베를린 지부장은 "특정 자본의 입김을 차단하기 위해 광고를 철저히 제한한다"고 밝혔다.

빈켈만 편집장 역시 "우리는 '광고가 아닌 구독자를 위한 신문'이라는 정체성을 잃지 않으려 한다"고 강조했다.

그는 "광고에 의존하지 않고 질 높은 저널리즘을 하려면 독자들의 지지가 절대적으로 필요하다"고 역설했다.

타츠의 보도 기조가 좌파적이긴 하지만, 사실관계 확인에는 만전을 기한다. 변호사의 사전 검토를 필수로 한다. 빈켈만 편집장은 "우리의 지향점은 소수자와 약자의 편에 서되, 사실 보도의 원칙만큼은 결코 포기하지 않는 것"이라고 강조했다.

그는 "타츠의 좌파성은 이념에 경도된 게 아니라 소외된 이들의 목소리를 대변한다는 뜻"이라며, "그럼에도 팩트는 팩트대로 전달한다는 원칙을 지킨다"고 말했다.

30여 개국에 특파원 40명 배치
현장 목소리 생생히 전한다

타츠는 현재 해외 30여 개국에 40명의 특파원을 파견 중이다. 이들 대부분은 현지 언론인 출신으로, 해당 지역 사정에 밝다.

스벤 한젠(Sven Hansen) 아시아 전문 기자는 "특파원들이 전하는 생생한 현장의 목소리가 타츠 국제보도의 힘"이라고 말했다.

특파원들은 취재 대상의 목소리를 균형 있게 담으면서도, 소수자와 약자의 입장을 외면하지 않는다. 한젠 기자는 "우리는 국제 이슈를 보도할 때 제3세계 현지인들의 시각을 담으려 노력한다"고 밝혔다. 그는 "분쟁지역 취재 시 우리 특파원들은 정치적 중립을 지키되 인권유린 상황은 진실 그대로 전하려 노력한다"고 설명했다.

독자들과 밀착 소통으로 탄탄한 신뢰 구축

타츠는 독자들과의 소통을 무엇보다 중시한다. 특히 조합원 총회는 독자들의 의견을 듣는 핵심 통로다. 빈켈만 공동편집장은 "조합원 2만 3000명 중 500여 명이 총회에 참석해 자유로운 의견 개진을 한다"고 전했다. 그러면서 "우리는 이들의 목소리에 귀 기울이지만 편집권 침해로 이어지진 않는다"고 강조했다.

또한 타츠는 단순한 신문사가 아닌 담론과 공론을 형성하는 장으로서 기능하고자 한다고 했다. 빈켈만 편집장은 "우리는 신문사를 독자와 함께 하는 공론의 광장으로 만들고 싶다"며, "정기적 토론회, 문화행사, 독자투어 등을 개최해 참여저널리즘을 실천하고 있다"고 밝혔다.

그는 특히 "지역의 풀뿌리 단체들과의 교류도 활발히 하고 있다"고 덧붙였다.

타츠의 실험은 험난했지만 의미 있는 성과를 낳았다.

좌파적 색채로 정치권의 압박에 노출되기도 했다. 광고 기피로 경영에

▲ 사진 왼쪽부터 타츠(taz)의 스벤 한젠(Sven Hansen) 아시아 전문 기자, 울리케 빈켈만(Ulrike Winkelmann) 편집장, 라이너 루츠(Rainer Rutz) 베를린 지역 공동 책임자.

어려움을 겪기도 했다. 그럼에도 자본 눈치를 보지 않고 약자의 편에 서는 저널리즘을 구현해냈다. 여기엔 무엇보다 독자들의 굳건한 신뢰와 지지가 있었기에 가능했다.

타츠의 실험은 현재진행형이다. 빈켈만은 "우리의 도전은 멈추지 않을 것"이라며, "자본에 종속되지 않는 자유로운 언론을 향한 노력은 계속되어야 한다"고 강조했다.

이어 "그러기 위해 우리는 독자들과 함께 가는 저널리즘을 추구할 것"이라 다짐했다.

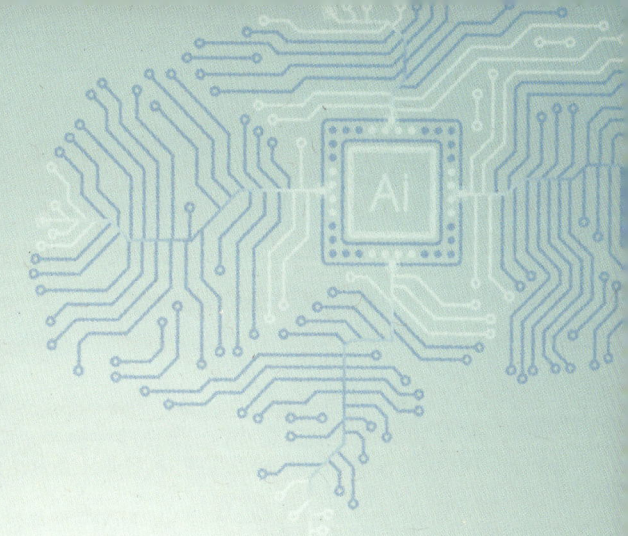

12

비판부터 해결까지
솔루션 저널리즘 본인스티튜트

본인스티튜트(Bonn Institute)

본인스티튜트는 2021년 하반기에 설립을 계획해 2022년 4월 독일 노르트라인베스트팔렌 주 본에서 출범한 저널리즘 분야 사회적 기업 형태의 연구소다. 이 기관은 솔루션 저널리즘(Solutions Journalism)을 연구하고 교육하는 민간 연구소로, 저널리즘이 사회 문제 비판을 넘어 해결까지 제시하는 방식을 도모한다. 도이치벨레(공영방송), 라이니쉬 포스트(지역신문), RTL(민영방송) 등 다양한 언론사와 NGO들이 협력해 설립했다. 운영 자금은 주 정부의 지원을 받았지만 독립성을 유지하고 있다.

본인스티튜트는 건설적 저널리즘(Constructive Journalism)을 지향하며, 문제 해결 중심의 보도로 사회적 신뢰를 회복하고자 한다. 지역 언론과 협력해 지역 현안 해결에 적용하는 프로젝트도 진행하며, 저널리즘 혁신을 주도하고 있다. 국제적으로도 활발히 협력하는 등 저널리즘의 미래를 위한 다양한 컨퍼런스와 프로그램을 운영 중이다.

언론사-시민사회 협력으로 출범

독일 노르트라인베스트팔렌(Nordrhein-Westfalen) 주 본(Bonn)에 있는 연구소 '본인스티튜트(Bonn Institute)'는 솔루션 저널리즘(Solutions Journalism)을 연구·교육하는 민간 연구소다. 본은 과거 서독의 수도 역할을 했던 도시다.

본인스티튜트는 2021년 하반기 설립을 계획하고 2022년 4월 공식 출범했다. 도이치벨레(공영방송), 라이니쉬 포스트(지역신문), RTL(민영방송), 콘스트럭트 인사이트(덴마크 NGO) 등 언론사와 비영리단체들이 뜻을 모아 세운 독립 연구기관이다.

도나타 폰 빌로우-리터(Donata von Below-Ritter) 본인스티튜트 사무국장은 "공영방송, 신문, 민영방송, 시민단체 등 각계각층이 모여 시너지를 내고 있다"며, "서로 배경은 달라도 '저널리즘 혁신'이란 공동의 목표 아래 힘을 합쳤다"고 설명했다.

설립 초기 자금은 노르트라인베스트팔렌 주 정부의 지원으로 마련했다. 주 정부는 재정 지원 외에도 다방면에서 후원하고 있지만, 본인스티튜트의 내용에는 전혀 관여하지 않는다. 엘렌 하인리히스(Ellen Heinrichs) 창립자이자 대표를 포함해 현재 본인스티튜트의 직원은 9명이다.

▲ 본인스티튜트(Bonn Institute)의 파울라 뢰슬러(Paula Rösler) 커뮤니케이션 책임자와 도나타 폰 빌로우-리터(Donata von Below-Ritter) 사무국장(아래).

독립성 기반으로 언론 혁신 주도

본인스티튜트는 그 이름에 '솔루션(해법) 저널리즘'이 들어간 만큼 언론이 사회 문제 해결에 적극 기여해야 한다는 소명의식으로 활동 중이다. 폰 빌로우-리터 사무국장은 "우리는 언론이 사회 문제의 일부가 되지 않고, 해결의 일부가 돼야 한다는 신념 아래 움직인다"고 강조했다.

연구소의 주요 활동 중 하나는 '건설적 저널리즘(Constructive Journalism)' 개념을 홍보하는 것이다. 건설적 저널리즘은 문제를 식별하는 것뿐만 아니라 해결책을 제시하며 긍정적이고 심층적인 보도를 지향하는 뉴스 보도 방법을 의미한다.

건설적인 저널리즘은 언론사가 사회 현안을 보도할 때 단순히 문제만 지적하는 데 그치지 않고, 해법과 대안까지 모색하는 보도 방식을 뜻한다.

파울라 뢰슬러(Paula Rösler) 커뮤니케이션 책임자는 "언론은 시민들이 중요하게 여기는 문제가 무엇인지 파악하고, 그들에게 다가가 필요한 정보와 해법을 제시해야 한다"고 설명했다. 그는 "언론의 역할은 문제를 제기하는 것뿐 아니라 토론의 장을 마련해 다양한 목소리를 담아내는 것"이라고 덧붙였다.

이를 위해선 자본이나 정치권력으로부터 독립적이어야 한다. 폰 빌로우-리터 사무국장은 "우리는 어떤 자본의 입김도 받지 않는다. 오로지 진실을 좇고 약자의 편에 서는 것이 우리의 소명"이라고 전했다.

주 정부 지원으로 운영하지만 주 정부의 관여는 없어

본인스티튜트는 후원금과 프로젝트 수주로 운영된다.

한국으로치면 정부나 지자체의 지원을 받는 언론 분야 사회적 기업이라고 할 수 있다. 다만, 이들은 편집권 독립을 위해 광고 수익을 받지 않는다고 했다.

대신 독일 노르트라인베스트팔렌 주 정부가 예산을 지원한다. 주 정부 산하 언론 관련 부서가 재정적으로 후원하지만 내용에는 관여하지 않는다.

폰 빌로우-리터 사무국장은 "주 정부는 저널리즘 발전을 위해 지원할 뿐, 우리 활동 내용에는 일절 개입하지 않는다"며, "재정 지원을 받더라도 철저히 독립성을 지킨다"고 했다. 이어 "오로지 공익에 부합하는 활동을 하는 것이 우리의 존재 이유"라고 덧붙였다.

컨스트럭티브 저널리즘으로 신뢰 회복

최근 가짜 뉴스 확산 등으로 언론의 신뢰도가 추락하면서 언론 위기론이 대두되고 있다. 파울라 뢰슬러 커뮤니케이션 책임자는 "언론은 디지털 시대에 걸맞은 새 역할을 모색해야 한다"며, "컨스트럭티브(constructive, 건설적인) 저널리즘을 통해 문제 해결에 기여하고 신뢰를 회복할 수 있을 것"이라고 내다봤다.

본인스티튜트는 자신들이 조사한 결과를 보면 "컨스트럭티브 저널리즘으로 제작한 기사가 그렇지 않은 기사보다 독자의 관심과 호응을 더 얻는 것으로 나타났다"고 밝혔다. 또 사회 문제 해결을 위한 실질적 도움을 줄 수 있어, 언론 신뢰도 제고에도 기여할 수 있다고 분석했다.

지역 언론과 손잡고 지역 현안 해결에 적용

본인스티튜트는 지역 언론과 협업해 비판부터 대안까지 제시하는 컨스트럭티브 저널리즘(건설적인 저널리즘)의 현장 적용 사례도 만들어가고 있다. 뒤셀도르프 소재 지역 언론 라이니쉬 포스트와 6개월간 협업한 프로젝트가 대표적이다. 그 결과 방문자 수가 평소보다 3배 늘고 기사 체류시간도 27% 증가했다.

파울라 뢰슬러 커뮤니케이션 책임자는 "지역 언론사에 컨스트럭티브 저널리즘 교육을 실시하고, 기자들과 협업 취재도 한다"며, "지역 밀착형 문제를 발굴하고 주민들과 소통하며 대안을 모색하는 과정 자체가 의미 있다"고 평가했다.

국제 협력으로 저널리즘 혁신 선도

본인스티튜트는 세계 각국 언론인과 활발히 교류하며 컨스트럭티브 저널리즘 확산에 힘쓰고 있다. 2022년 9월에 국제 컨퍼런스 '빅피처 페스티벌'을 개최해 세계 20개국 이상에서 온 언론인들이 참여한 바 있다고 전했다.

2023년 9월에도 '2023 빅피처 페스티벌'을 개최했는데 영국 BBC, 미국 솔루션스저널리즘네트워크(SJN), 덴마크 콘스트럭티브 인스티튜트 등 저널리즘 혁신을 주도하는 국제 언론 관계자들이 대거 참여해 성황을 이뤘다고 부연했다.

파울라 뢰슬러 커뮤니케이션 책임자는 "우리는 새로운 저널리즘의 길을 개척하기 위해 노력할 것"이라며 "국제 연대를 통해 언론이 민주주의 수호에 앞장설 수 있게 지원을 아끼지 않겠다"고 포부를 밝혔다.

이어 "앞으로도 세계 동료 언론인들과 협력해 컨스트럭티브 저널리즘 운동을 확산시켜 나가겠다"고 강조했다.

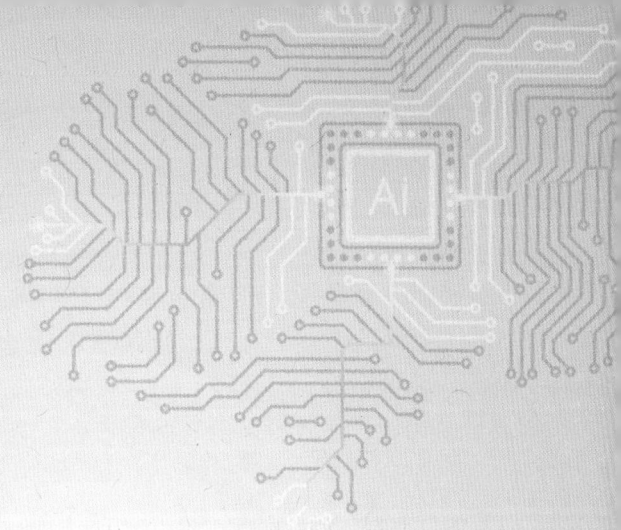

13
시민의 새로운 선택지
독립 언론
피어눌(Pinol)

피어눌(Pinol)

피어눌은 2021년 독일 뒤셀도르프에서 창간한 온라인 독립 언론이다. 지역 언론 시장의 독점 구조에 도전하며 시민들에게 새로운 선택지를 제시하고자 설립됐다. 피어눌은 속보 경쟁 대신 심층성에 중점을 두어 기사를 작성하며, 정치·경제·환경·교통 등의 주요 주제를 다룬다. 독자와의 소통을 강화하기 위해 범지 팟캐스트와 같은 새로운 형식을 시도하며, 창간 1년 만에 1300명의 유료 구독자를 확보했다. 광고 없이 후원과 프로젝트를 통해 재정적 독립을 유지하고 있다.

"시민에 새 대안 제시"… 독점 체제에 문제의식

독일 노르트라인베스트팔렌 주 뒤셀도르프에서 온라인 독립 언론 '피어눌(Pinol)'이 신선한 바람을 일으키고 있다. 2021년 5월 창간한 이 매체는 지역 언론 시장의 독점 체제에 도전장을 내밀며 차별화된 저널리즘을 선보이고 있다.

"우리가 피어눌을 만든 건 이 지역 시민들에게 새로운 옵션을 제공하기 위해서입니다." 피어눌의 한스 옹켈바흐(Hans Onkelbach) 설립자 겸 대표의 말이다. 그는 "이 지역에는 다른 신문사가 사실상 없는 상태였다"며, "이런 독점 구조가 지역 여론의 다양성을 저해한다고 봤다"고 피어눌 설립 배경을 설명했다. 뒤셀도르프에서는 '라이니쉬 포스트(Rheinische Post)'라는 일간 지역 언론이 독점적 지위를 누려왔다. 피어눌은 이 같은 미디어 '독점 체제'에 문제의식을 느끼고 새로운 대안을 모색하던 배경에서 창립됐다.

옹켈바흐 대표는 "지역민들에게 또 다른 시각을 전달하고 목소리를 대변하는 매체가 필요하다고 판단했다"고 설명했다.

▲ 독일 뒤셀도르프 온라인 독립 언론 피어눌 옹켈바흐(왼쪽) 대표와 엔더만 사진 전문기자 그리고 한국언론진흥재단 2023 KPF 디플로마 취재 기자단.

속보 경쟁 대신 '심층성'에 방점
기사 당 취재시간 2배 이상

피어눌은 단순히 기존 매체와 경쟁하기보다는 차별화된 전략으로 독자의 선택지를 넓히는 데 주력한다. 대표적인 것이 심층성에 무게를 둔 기사 전략이다. 속보 경쟁에 나서기보다는 하루에 한 가지 주제를 집중적으로 파고드는 것이 피어눌의 취재와 보도 방식이다.

옹켈바흐 대표는 "우리는 기존 신문들처럼 모든 단신을 쫓아가지 않는다"며 "기획기사 한 건 당 기존보다 최소 2배 이상의 취재 시간을 투입해 깊이와 완성도를 높이는 데 주력한다"고 말했다. 그는 이어 "긴 호흡으로 준비한 심층기사를 통해 시민들에게 필요한 정보와 통찰을 제공하는 게 우리의 목표"라고 덧붙였다.

피어눌은 정치, 경제, 환경, 교통, 부동산 등 5대 분야에 집중하며, 이를 다루는 뉴스레터를 구독자들에게 매일 발송한다. "독자들이 관심 갖는 주요 의제를 선정해 깊이 있게 파헤치는 데 집중한다"는 게 이들의 전략이다.

사진기자와 호흡 맞춰 품질 높이고
범죄 팟캐스트로 새로운 도전

피어눌의 독보적인 무기 중 하나는 사진 전문기자와 협업이다. 창간 멤버이자 사진 전문기자인 안드레아스 엔더만(Andreas Endermann)은 "기사의 품질을 좌우하는 건 사진"이라며, "취재 기자와 사진기자가 현장에서 긴밀히 호흡을 맞출 때 비로소 훌륭한 기사가 탄생한다"고 강조했다.

"글과 사진이 시너지 효과를 낼 수 있게 공을 들인다"는 엔더만 사진기자는 "단순한 사진 한 장을 찍기 위해서라도 몇 시간씩 현장을 지키는 건 다반사"라고 사진기자들의 노력을 설명했다. 치열한 고민 끝에

▲ 독일 뒤셀도르프 온라인 독립 언론 피어눌의 옹켈바흐(왼쪽) 대표와 사진 전문기자.

니온 시간이 기사에 깊이를 더한다고 부연했다.

여기에 독자와 접점도 확대하고 있다. 온라인 기사 외에 범죄 사건을 전문으로 다루는 팟캐스트를 제작해 인기를 모으고 있는 것. 옹켈바흐 대표는 "우리는 한 달에 두 번 구독자들과 직접 만나 범죄 현장을 방문하고 토론하는 프로그램을 진행 중"이라며, "독자들의 뜨거운 호응을 얻고 있다"고 전했다.

1년 만에 유료 구독자 1300명… 가치 공감한 시민의 선택

이 같은 노력의 결과 피어눌은 창간 1년 만에 1300여 명의 유료 구독자를 모았다고 했다. 월 8유로라는 구독료에도 불구하고 꾸준히 증가 추세라는 게 이들의 설명이다.

특히 한동안 무료로 서비스를 제공한 뒤 유료 전환을 유도하는 전략이 주효했다고 설명했다.

옹켈바흐 대표는 "무료 체험 이벤트를 한 뒤 40%가량이 정기 구독으로 전환했다"며, "피어눌이 추구하는 저널리즘의 가치에 공감한 시민들이 지갑을 열기 시작한 것"이라고 의미를 부여했다.

광고 없이 후원·프로젝트로 '독립성' 지켜

유료 구독자 1300명 외에도 피어눌이 재정적 독립성을 유지할 수 있는 비결은 따로 있다. 광고 없이 운영되는 이 매체는 정기 후원금과 프로젝트 수주 등으로 운영 자금을 충당한다.

뒤셀도르프 시로부터 지원금을 받기도 하지만, 이는 편집권 독립을 전제로 한 것이라고 강조했다.

옹켈바흐 대표는 "우리는 어떤 정치적·경제적 압력에도 흔들리지 않는 것을 자부심으로 삼는다"며, "광고주는 물론 시 정부로부터도 독립성을 지키는 게 우리의 존립 근거"라고 말했다.

"솔직하고 정직한 뉴스로 신뢰 쌓을 것"

그는 끝으로 "우리는 자본의 눈치를 보지 않고 오로지 독자를 위해 진실을 좇는다"며, "시민에게 정직하고 솔직한 뉴스를 전하는 것이 우리의 사명"이라고 강조했다. 그러면서 "우리의 진정성을 믿어주는 시민들과 함께 성장해 나가길 기대한다"고 포부를 밝혔다.

(5장)

독일 미디어 교육과 민주주의 평생교육

베를린 커뮤니케이션박물관은 124년의 역사를 간직한 생생한 증거로, 독일 미디어 발전의 과정을 보여준다. 동서독 분단 시절, 방송은 이념의 전장이었고 이를 기록한 박물관은 당시의 정치적 대립을 생생히 전달한다. 또한 박물관은 민주주의 교육의 중요한 장소로, 시민들이 미디어와 민주주의를 이해할 수 있게 돕는다. 독일연방정치교육원은 시민 교육을 통해 민주주의 실현의 든든한 토대를 제공하고 있다.

독일 베를린 커뮤니케이션박물관 전경.
(사진출처 베를린 커뮤니케이션박물관).

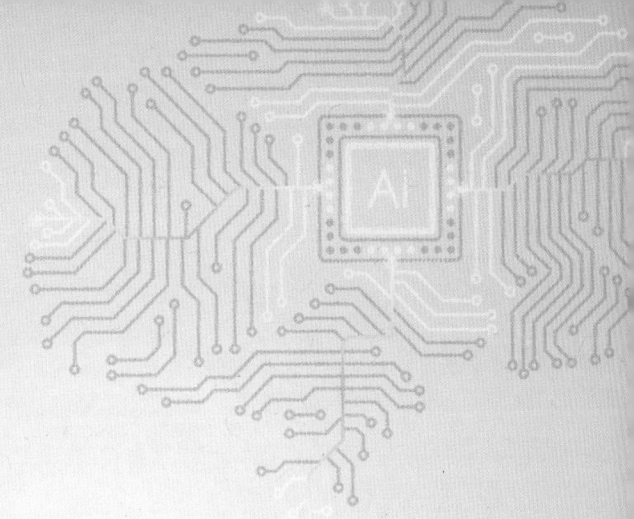

14

베를린 커뮤니케이션박물관
124년 역사의 살아있는 증인

베를린 커뮤니케이션박물관

베를린 커뮤니케이션박물관은 통신과 미디어 역사를 통해 민주주의의 중요성을 교육하는 장소다. 박물관은 다양한 통신 수단이 사회와 정치에 미친 영향을 다루며, 특히 나치 독재 시기 언론 통제를 통해 미디어가 어떻게 선전 도구로 악용됐는지를 조명한다. 이를 통해 언론 자유의 가치를 강조하며, 민주 사회에서 미디어의 역할을 교육한다. 학생들과 시민들에게 미디어 리터러시를 교육하는 중요한 공간으로, 민주주의의 발전과 유지에 미디어가 필수적임을 알리고 있다.

"이 박물관은 세계에서 가장 아름다운 전시물 중 하나입니다. 베를린 학생이라면 누구나 한 번은 방문할 정도죠."

독일 베를린 커뮤니케이션박물관(Museum für Kommunikation Berlin)의 도슨트(안내 해설사)는 이 박물관의 의미를 이같이 설명했다. 지난해 10월 한국 언론인 연수단과 가진 투어에서다.

세계 최초의 우편 박물관, 124년의 역사

1898년 세계 최초의 우편 박물관으로 문을 연 이곳은 현재 통신과 미디어의 역사를 총망라하는 공간으로 자리잡았다. 루더러-플림프플 도슨트는 "이 건물 자체가 프로이센의 능력을 과시하는 상징"이라며 설명을 시작했다.

건물 외관은 빨간색, 노란색, 흰색으로 장식되어 있는데, 이는 독일 우정의 역사를 상징한다. 특히 건물 지붕에는 특별한 흉상들이 있어 전 세계에서 희귀한 모습을 자랑한다. 루더러-플림프플 도슨트는 "이 흉상들은 국제성을 강조하기 위한 것"이라고 설명했다.

박물관 입구에는 각 직업군을 상징하는 동상들이 서 있다. 이 중에는 우편 배달부를 상징하는 동상도 있다. 루더러-플림프플 도슨트는 "우편 배달부는 후미진 곳, 소외된 지역에 소식을 전하는 매체의 역할을 했다"고 강조했다.

2차 세계대전의 흔적이 역사적인 이 건물은, 2차 세계대전의 상흔도 간직하고 있다. 루더러-플림프플 도슨트는 "1942년 전쟁 때문에 건물 위쪽이 완전히 파괴됐다"며, "현재는 재건된 모습"이라고 설명했다. 건물 기둥에는 여전히 총알 자국이 남아있어, 당시의 격렬했던 전투를 생생히 전해준다.

그는 "1945년 소련군이 먼저 베를린에 들어왔다"며, 당시의 역사적 상황을 설명했다. 이는 베를린이 겪은 격변의 역사를 상징적으로 보여주는 대목이다.

혁신적인 공압 튜브 시스템

박물관 내부에는 당시 최첨단 기술이었던 공압 튜브 시스템이 설치돼 있다. 이 시스템은 건물 내에서 서류를 빠르게 전달하는 데 사용됐다. 루더러-플림프플 도슨트는 "이 시스템은 현재 독일 총리실에서도 여전히 사용되고 있다"며, "기밀 정보를 안전하게 전달하는 데 활용된다"고 설명했다.

그는 "특히 전신으로 할 수 없는 정보들, 기밀 정보들을 이 시스템을 통해 전달한다"고 덧붙였다. 이는 현대 기술 시대에도 여전히 유용한 과거의 기술을 보여주는 좋은 예시다.

▲ 베를린 커뮤니케이션박물관을 방문해 관람하고 체험하는 독일 청소년들.

베를린, 언론의 중심지

박물관은 베를린의 풍부한 언론 역사도 보여준다. 루더러-플림프플 도슨트는 "1933년 나치 집권 이전까지 베를린에 100개 이상의 신문사가 있었다"며, "베를린은 전 세계에서 가장 언론이 발달한 지역 중 하나였다"고 강조했다.

그는 "다양한 성향과 관심사에 따라 여러 신문들이 만들어졌다"고 설명했다. 이는 당시 베를린의 언론 자유와 다양성을 잘 보여주는 대목이다.

그러나 1933년 나치 집권 이후 이러한 다양성은 급격히 축소되었다. 루더러-플림프플 도슨트는 "나치 정권 하에서 신문의 자율성은 통제되었고, 많은 신문사들이 통폐합되었다"고 설명했다. 이는 미디어가 어떻게 정치적 상황에 영향을 받는지 보여주는 중요한 역사적 교훈이다.

저작권 보호의 중요성

박물관은 역사적 가치뿐만 아니라 현대적 의미에서의 저작권 보호의 중요성도 보여준다. 일부 전시물, 특히 유명 화가 게르하르트 라우(Gerhard Lau)의 작품은 저작권 문제로 사진 촬영이 금지돼 있다.

루더러-플림프플 도슨트는 "라우의 작품은 뉴욕에서 100만 유로 이하의 가치를 가진 작품이 없을 정도로 귀중하다"고 설명했다. 이는 디지털 시대에 지적 재산권 보호의 중요성을 상기시키는 대목이다.

교육의 장으로서의 가치

베를린 커뮤니케이션박물관은 단순한 전시 공간을 넘어 중요한 교육의 장으로 기능하고 있다. 루더러-플림프플 도슨트는 "베를린의 모든 학생들이 학기 중 한 번은 이곳을 방문한다"며, "이 박물관을 모르는 학생은 거의 없을 정도"라고 자부했다.

그는 "특히 저학년 학생들에게 위기 상황에서 통신과 미디어의 역할을 인식시키는 것이 중요하다"고 강조했다. 이는 미디어 리터러시 교육의 중요성을 잘 보여주는 대목이다.

베를린 커뮤니케이션박물관은 그 자체로 하나의 거대한 전시물이다. 124년의 역사를 간직한 이 건물은 우리에게 통신과 미디어의 발전, 그리고 그 속에서 인간의 역할에 대해 깊이 생각해볼 기회를 제공한다.

독일 연방 문화미디어청(BKM)에 따르면, 이 박물관은 연간 방문객으로 약 10만명을 유치하고 있다. 이는 베를린의 주요 문화 관광지 중 하나로 자리잡았음을 보여준다.

루더러-플림프플 도슨트는 마지막으로 "이 박물관은 단순히 과거를 보여주는 것이 아니라, 현재와 미래의 커뮤니케이션에 대해 생각해볼 수 있는 공간"이라고 강조했다. 그의 말처럼, 이 박물관은 독일 사람은 물론 다른 나라 사람들에게 미디어의 힘과 그 책임에 대해 깊이 성찰할 기회를 제공한다.

15

베를린 커뮤니케이션박물관
동·서독 분단 방송은
이념의 전장

베를린 커뮤니케이션박물관

베를린 커뮤니케이션박물관은 통신과 미디어의 역사를 다루는 교육의 장이다. 17세기 마차 우편부터 현대의 인터넷까지, 통신 기술의 발전 과정을 전시하며, 통신이 사회와 경제, 정치에 미친 영향을 보여준다. 박물관은 특히 나치 정권 시기 라디오가 선전 도구로 악용된 사례와 동서독 분단 시기 방송의 이념적 역할을 조명한다. 또한 걸프전 등 미디어가 전쟁을 실시간으로 중계한 사례를 통해 미디어의 양면성을 강조한다. 미래 세대를 위한 미디어 리터러시 교육도 중점적으로 다루며, 한국 금속활자 역사도 소개해 세계 통신 발전에 기여한 바를 조명한다.

우편에서 철도와 해운 거쳐 인터넷까지… 통신의 진화

베를린 커뮤니케이션박물관은 단순한 전시 공간을 넘어 미디어의 역사와 그 영향력을 보여주는 교육의 장이다. 박물관의 전시물들은 우편에서 인터넷까지, 통신 기술의 발전과 함께 변화해 온 미디어의 모습을 생생하게 보여준다.

박물관은 17세기 마차를 이용한 우편 제도부터 현대의 인터넷까지 통신 수단의 발달 과정을 체계적으로 보여준다.

루더러-플림프플 박물관 도슨트는 우편 제도를 소개하며 "5마일마다 말을 갈아타는 방식으로, 당시로서는 매우 발달된 시스템이었다"고 설명했다. 그는 "소리 나는 나팔과 함께 말을 타고 우편물을 운송했다"며, "일종의 안장만 바꾸는 방식으로 마라톤처럼 운영됐다"고 덧붙였다.

19세기에 들어서면서 철도의 등장으로 우편 속도가 비약적으로 발전했다. 루더러-플림프플 도슨트는 "철도의 등장으로 시간 개념이 분 단위로 바뀌게 됐다"며, 당시의 혁명적 변화를 강조했다. 철도의 등장에 이어 해운의 발달로 국제 우편 시대가 열렸다.

특히 19세기 중반부터 정보 자체가 상품이 되는 과정을 보여준다. 박물관은 1852년 최초의 해저 케이블 설치, 1869년 대서양 횡단 케이블 연결 등 주요 사건들을 소개한다. 루더러-플림프플 도슨트는 "1870년대 중반에 세계가 하나의 해저 케이블로 연결되는 상황이 됐다"고 설명했다.

미디어의 양면성… 정보 전달과 선전 도구

베를린 커뮤니케이션박물관은 미디어 기술의 발전이 가져온 긍정적 측면과 함께 부정적 측면도 함께 조명한다.

특히 나치 정권 시기 라디오가 선전 도구로 악용된 역사를 상세히 다룬다.

루더러-플림프플 도슨트는 "1933년 나치 집권 이후 독일 내 언론의 자율성이 통제됐다"며, "특히 라디오가 프로파간다의 가장 중요한 매체로 활용됐다"고 설명했다. 그는 "나치 정권은 라디오를 '국민 라디오'라 명명하고, 저렴한 가격으로 대중에게 공급했다"고 부연했다.

나치 선전부 장관 요제프 괴벨스의 "세상에 존재하는 것 중 가장 대중적인 확산의 가능성이 높은 모던한 매체가 라디오다"라는 말이 당시 라디오의 영향력을 잘 보여주는 것이라고 강조했다.

─────────────── 이 사진은 전쟁과 관련된 미디어 기술 전시 구역에서 찍은 것으로 배경에는 전쟁 장면이 묘사된 사진과 함께 당시 사용된 통신 장비들이 전시되어 있다. 특히 2차 세계대전과 같은 대규모 전쟁에서 미디어와 통신 기술이 어떻게 활용됐는지를 보여주고 있다. ▶

...als die Waffen, noch ersinnen mögen: Den Rund-

...KSEMPFÄNGER UND „BLITZKRIEG"

동서독 분단시기 방송은 이념의 전장(戰場)
동독, 호네커 집권 후 언론 통제 강화
서독, '슈네틸라' 프로그램으로 맞서

2차 세계대전 패전 후 독일은 미국, 영국, 프랑스, 소련에 의해 4분할 됐다. 미국·영국·프랑스 통치 지역이 서독이 됐고, 소련 통치 지역이 동독이 됐다. 동서독 분단 시기, 양국 방송은 양측의 이념과 체제를 대변하는 중요한 수단이었다. 특히 라디오와 TV를 통한 정보 전달과 선전은 양측 모두에게 중요한 전략이었다.

동독의 경우, 초기 울브리히트 서기장 시기에는 비교적 느슨한 통제가 이뤄졌으나, 에리히 호네커가 집권한 이후 언론, 특히 라디오에 대한 통제가 크게 강화됐다. 동독 방송은 정부의 입장을 일방적으로 전달하는 획일화된 내용을 주로 다뤘다.

반면 서독은 '슈네틸라'라는 장수 프로그램을 통해 동독의 선전선동을 비판하는 내용을 다뤘다. 흥미롭게도 이 프로그램은 서독 주민들에게 일종의 오락 프로그램으로 인식되어 인기를 끌었다.

서독 방송은 사회적 역할과 여론 형성에 중요한 영향을 미친다는 인식 하에 운영됐다. 박물관 내 한 전시 자료는 "방송이라는 것이 굉장히 중요한 사회적 역할을 하고 여론을 형성하는 데 중요한 역할을 한다"고 설명하고 있다.

주목할 만한 점은 동독 주민들의 반응이다. 그들은 서독의 동독 비판 방송을 의도적으로 회피하는 경향을 보였다. 이는 정부의 통제와 더불어 주민들 사이에 형성된 자기 검열의 결과로 볼 수 있다.

이처럼 동서독 분단 시기 방송은 단순한 정보 전달 수단을 넘어, 이념과 체제의 우월성을 선전하고 상대방을 비판하는 도구로 활용됐다. 동시에 양측 주민들의 일상과 사고방식에도 깊은 영향을 미쳤다. 이는 미디어가 사회와 정치에 미치는 강력한 영향력을 보여주는 역사적 사례로 평가된다.

전쟁과 미디어… 걸프전의 교훈

1991년 걸프전은 방송이 전쟁을 실시간으로 중계한 첫 사례로 꼽힌다. 미디어의 새로운 단계를 열었다. 루더러-플림프플 도슨트는 "걸프전이 있었을 때 실시간으로 그 상황을 볼 수 있는 세계 최초의 전쟁 관련 방송이 새로운 단계를 겪게 된 것"이라고 설명했다.

그러나 동시에 군이 제공한 자료에만 의존한 보도의 한계도 드러냈다. 루더러-플림프플 도슨트는 "이로 인해 '부수적 피해'(collateral damage)라는 용어가 일반화됐다"며, "이는 전쟁의 잔혹성을 은폐하는 표현"이라고 비판했다.

그는 "최근에는 '원치 않는 희생자'라는 새로운 개념이 등장했다"며, 언어가 현실을 어떻게 구성하는지 설명했다. 이는 미디어가 현실을 어

▲ 베를린 커뮤니케이션박물관 내 이 간판들은 신문사나 통신사의 이름을 표시하고 있으며, 19세기와 20세기 초반에 사용되었던 미디어 관련 간판들을 포함하고 있다.(사진 KPF 로컬저널리즘 디플로마 연수단).

떻게 구성하고 전달하는지에 대한 중요한 통찰을 제공한다.

디지털 시대의 미디어… 새로운 도전

박물관은 인터넷 시대의 미디어 환경 변화도 다룬다.

루더러-플림프플 도슨트는 세계 지도를 보여주며 "밝은 부분이 인터넷 사용이 활발한 지역"이라고 설명했다. 그는 "글로벌화가 세계에 균등하게 일어나는 것이 아니라 특정 지역에 집중돼 있다"고 지적했다.

특히 그는 "인터넷을 누가 통제하고, 어떤 규칙을 만드느냐가 새로운 권력의 핵심"이라고 강조했다. 이는 현대 사회에서 미디어 리터러시의 중요성을 잘 보여주는 대목이다.

미디어 리터러시(Media Literacy)란 다양한 형태의 미디어를 이해하고, 분석하며, 평가하고, 효과적으로 활용할 수 있는 능력을 의미한다. 이는 단순히 정보를 소비하는 것을 넘어, 미디어가 어떻게 제작되고 어떤 목적을 가지며 어떤 영향을 미칠 수 있는지를 비판적으로 인식하는 것을 포함하는 개념이다. 미디어 리터러시는 현대 사회에서 필수적인 능력으로, 정보의 진위를 판단하고, 다양한 관점을 이해하며, 책임 있는 미디어 사용자로 성장할 수 있게 지원하는 교육이 필요하다.

독일에 전시된 200년 앞선 한국 금속활자 역사

박물관은 세계 통신 역사의 맥락에서 한국의 역사적인 지위도 조명한다. 루더러-플림프플 도슨트는 "13세기 한국에서 최초로 금속활자가 발명됐다"고 설명했다. 이는 구텐베르크의 인쇄술보다 약 200년 앞선 것이다.

그는 "한국의 금속활자 기술이 60-70개 정도의 활자로 시작되었다"며, "이후 구텐베르크가 이를 발전시켜 대량 생산이 가능한 시스템을 만들었다"고 덧붙였다. 그는 한국이 세계 통신 기술 발전에 기여한 바를 강조했다.

미래세대를 위한 교훈

베를린 커뮤니케이션박물관은 미디어 리터러시를 키우는 중요한 교육의 장이다. 루더러-플림프플 도슨트는 "특히 저학년 학생들에게 위기 상황에서 통신과 미디어의 역할을 인식시키는 것이 중요하다"고 강조했다.

그는 "코로나19 상황, 최근의 각종 전쟁 상황, 그리고 독일의 2차 세계대전 역사에서 통신과 미디어가 어떤 역할을 했는지 이해하는 것이 중요하다"고 덧붙였다.

독일 문화위원회(Deutscher Kulturrat)에 따르면, 이 박물관은 독일의 주요 미디어 교육 기관 중 하나로 인정받고 있다. 특히 청소년들의 미디어 리터러시 향상에 큰 기여를 하고 있다고 평가된다.

베를린 커뮤니케이션박물관은 글로벌 시민에게 미디어의 과거, 현재, 그리고 미래를 조망할 수 있는 귀중한 관점을 제공한다.

16

민주주의 교육 장소
베를린 커뮤니케이션박물관

베를린 커뮤니케이션박물관

베를린 커뮤니케이션박물관(Berlin Communication Museum)은 독일 베를린에 위치한 유서 깊은 박물관으로, 1872년에 설립돼 독일 언론과 통신의 역사를 기록하고 있다.

124년의 역사를 자랑하며, 독일의 언론 및 통신 산업이 어떻게 발전했는지에 대한 귀중한 자료를 제공한다.

박물관은 전신, 전화, 라디오, 텔레비전 등 통신 기기의 발달과정과 현대 디지털 통신의 중요성을 전시하며, 이러한 기술이 사회, 경제, 정치에 미친 영향을 체계적으로 소개한다. 또한, 다양한 전시를 통해 커뮤니케이션 기술과 시스템의 변화 과정을 조명하며, 민주주의와 사회적 소통의 중요성을 강조한다. 박물관은 미디어 리터러시와 커뮤니케이션의 역사적 맥락을 설명하는 교육 프로그램을 운영하여 방문객들이 비판적 사고를 키우고 정보화 시대에 적응하도록 돕는다. 이를 통해 베를린 커뮤니케이션박물관은 독일 및 국제적으로 중요한 미디어 교육의 중심지로 자리매김하고 있다.

고려 다음으로 금속활자 개발해 인쇄술 꽃피운 독일

인류가 지식과 정보를 저장하고 계승하면서 문명을 발전시킬 수 있었던 방법으로 여러 가지가 있겠지만 그중에서도 가장 중요한 수단은 의사소통이다. 의사소통에 필요한 미디어 즉 매체를 만들고 사용하는 능력을 개발했다는 사실이다.

원시공동체 사회 때 별다른 기록 수단이 없던 시절, 특정 지역에서 공동체를 이루고 살던 조상들은 그들만의 언어로 구전하면서 정보를 교환하고 저장하고 소통했다.

그 뒤 문자가 탄생하면서 지식과 정보를 저장하는 게 수월해지고 방대해졌다.

여기서 더 나아가 필사에 의존하던 인쇄가 목판활자와 금속활자를 거치면서, 인쇄술은 더욱 발달했고 책의 보급이 확산됐다. 특히, 세계 최초의 금속활자는 한국(고려)에서 발명했는데, 금속활자의 발명은 인류 문명사에 획기적인 변화를 일으켰다. 바로 인쇄 매체의 등장이다.

신문을 어떻게 정의하느냐에 따라 세계 최초의 신문이 언제 어디서 등장했는지에 대한 여러 의견이 존재하지만 일반적으로 유럽에선 1605년 독일에서 발행된 'Relationaller Fürnemmen und gedenckwürdigen Historien'을 최초의 신문으로 인정하고 있다. 세계신문협회(The World Association of Newspapers)도 이를 세계 최초의 신문으로 인정하고 있다. 독일에서 신문이 발달할 수 있었던 배경에는 1440년 구텐베르

크가 독일 마인츠에서 개발한 금속활자 덕이다.

한국에는 없는 독일의 커뮤니케이션박물관

한국에서는 조선시대 조정에서 발행한 관보인 조보를 최초의 신문으로 보는 시각이 있다. 조보는 조선 초기에서부터 1895년까지 승정원에서 발행한 조정의 소식지다. 주로 조정의 소식을 필사해 관료들에게 배포했다. 하지만 이를 신문으로 여기긴 어렵다.

한국 언론사에서 근대적 개념의 최초 신문이라고 할 수 있는 것은 한성순보다. 한성순보는 1883년 창간됐다.

열흘에 한 번씩 발행했다고 해서 순보라고 했다.

한성순보는 관보 성격이 있어 순 한문으로 제작됐다.

당시 조정 관리들을 대상으로 발행하는 신문이었기에 이들의 정보 독점을 위해 신문에 한글 대신 한문을 사용했다.

비록 순 한문을 사용했지만 기사의 내용은 과거 조보가 다루지 않았던 시사 내용이나 새로운 문물과 사상을 소개하는 등, 나름 근대적인 신문의 모양새를 갖췄기에 한국의 최초 신문이라고 할 수 있다.

◀ 독일 베를린 커뮤니케이션박물관 내부 일부 모습.

그러나 한국의 신문박물관은 과거에 멈춰있고, 올해가 공영방송 70주년 되는 해라고 하지만 방송 역사를 한눈에 파악할 수 있는 박물관은 없다. 일제강점기 언론 탄압과 군부독재 시절 언론 탄압과 통폐합, 언론을 권력유지의 수단으로 활용한 보도지침 등 언로를 차단하고 민주주의를
탄압한 역사를 기록해놓은 곳도 없다.

2008년 스마트폰 등장 이후 빠르게 성장한 디지털 미디어가 언론계는 물론 사회에 미친 문제점을 지적하고 이를 슬기롭게 이용하기 위해서는 어떻게 활용해야 하며, 어떤 규제가 필요한지 설명해주는 공간이 없고 교육조차 없다.

언론 통제하며 프로파간다로 활용한 독일 나치 역사 반성

반면 독일 베를린에 소재한 '베를린 커뮤니케이션박물관(Berlin Kommunikation Museum)'은 한국에 없는 박물관으로 미디어의 변천사는 물론 미디어의 변천사를 통해 역사를 공부할 수 있는 공간이자, 민주주의 사회에서 언론의 역할을 배울 수 있는 곳이라는 점에서 한국에 많은 시사점을 전한다.

베를린 커뮤니케이션박물관은 독일우체국(도이체포스트)과 독일통

신사(도이체텔레콤)가 설립한 연방재단이 운영하는 박물관이다. 1990년 독일 통일 후 독일 연방정부는 1995년 '우편 및 통신 커뮤니케이션박물관재단 설립에 관한 법률'을 제정해 정보 전달 기술의 역사를 보존하고 기록하며, 민주주의에서 언론의 역할까지 교육하고 있다.

박물관은 1872년 세계 최초 우체국 박물관으로 설립됐다. 그 뒤 앞서 얘기한 것처럼 커뮤니케이션박물관으로 확대됐다. 박물관에 들어서면 1층에 편지에서 전신으로, 전화로 정보 전달의 역사가 어떻게 발전했는

▲ 독일 나치가 프로파간다로 활용한 정보통신기기.

지 보여준다. 독일은 5마일마다 역을 설치해 편지를 전달했다.

박물관엔 우편과 전신에 이어 1930년대 등장했던 헤드폰과 깡통 전화기부터 독일 나치(국가사회주의 전체주의)당과 히틀러가 대 국민 선전과 선동을 위한 프로파간다로 사용하기 위해 값싸게 국민에게 보급한 수신기 'VE301'까지 전시하고 있다.

그리고 그 라디오 아래엔 "모든 커뮤니케이션 도구가 나치를 전달하는 데 사용됐다. 저렴한 국민 수신기는 전체주의를 위해 사용됐다"고 적혀 있다. 1차, 2차 세계대전의 전범 국가였던 독일은 자신들의 박물관에 나치 독재 권력의 언론 장악 역사를 그대로 보여주고 있다.

독일의 나치 정권은 1933년 히틀러가 독재를 시작하며 시작됐다. 독일 커뮤니케이션박물관엔 나치의 보도지침에 해당하는 외국 방송 청취를 금지한 1939년 9월 1일 나치의 특별방송대책지침까지 그대로 전시하고 있다.

나치의 최고 선전선동가인 전범 괴벨스도 빼놓지 않았다. 박물관에선 나치 독일 정부의 선전부 장관 괴벨스의 "방송은 선전의 관점에서 긍정적 보도를 해야 한다"는 육성을 들을 수 있다.

박물관은 나치 권력이 언론을 프로파간다로 이용했음을 있는 그대로 전하면서 비판한다. "라디오는 가장 현대적이고, 대중에게 영향을 주는 가장 효과적인 수단이다"는 괴벨스의 문장과 음성은 국민수신기와 함께 라디오에서도 확인할 수 있다.

이밖에도 독일이 분단 돼 있을 당시 동독 정부가 라디오와 티브이를 프로파간다에 이용하기 위해 어떻게 활용했는지도 있는 그대로 다룬다. 반성에서 성찰로 나아가기 위한 과정이 이 박물관에서 이뤄지고 있다.

베를린 학생은 최소 한 번 커뮤니케이션박물관을 방문한다

베를린 커뮤니케이션박물관이 이를 다루는 이유는 명확하다. 가장 큰 이유는 독일 나치 전범 역사에 대한 철저한 반성과 성찰이다. 언론을

▲ 독일 베를린 커뮤니케이션박물관 관람객 사진(KPF 로컬저널리즘 연수단).

권력 유지를 위한 프로파간다로 활용해서는 안 된다는 것을 자신들의 역사를 통해 교육하고 있다.

아울러 현재 독일 일부 지역에선 극우 정치세력이 증가하는 상황이라, 자신들의 잘못된 역사를 반복해서는 안 된다고 하는 것을 알리고 있다.

이 박물관의 가장 큰 특징은 베를린의 학생들이 끊임없이 방문한다는 것이다. 베를린 학생들은 초등학교와 중학교 시절에 최소 한 번은 이곳을 방문한다고 한다. 학생들은 이곳에서 의사소통하는 법과 함께 민주주의를 배운다.

학생들과 같이 온 선생님은 자세를 낮춰 학생들과 눈을 맞추며 박물관에 있는 여러 정보 전달 수단의 기능과 역할을 교육하면서 자신들의 전범 역사까지 같이 교육한다.

독일 국민은 이처럼 어렸을 때부터 자신들의 전쟁범죄를 반성하는 것을 교육 받고 자란다. 아울러 민주주의 사회에서 언론의 자유와 언론의 중요성을 배우며 자란다.

유럽연합에서 독일이 공존할 수 있는 배경이 되는 셈이다. 동아시아에서 일본과 무척 대조된다.

# 17

민주주의 실현의 든든한 토대
독일연방정치교육원

독일연방정치교육원
(Bundeszentrale für politische Bildung, BPB)

독일연방정치교육원은 1952년에 설립된 독일의 국가 기관이다. 나치 독재와 2차 세계대전의 참혹한 경험을 바탕으로 독일 시민들에게 정치적 의식과 민주주의 교육을 강화하기 위해 설립됐다. BPB는 독일 전역에서 정치 교육을 통해 시민들이 민주주의에 적극적으로 참여하고 비판적 사고를 키울 수 있도록 다양한 프로그램을 제공한다.

BPB는 정치적 중립성을 유지하며, 다양한 정치적 관점에서 균형 잡힌 교육을 지향한다. 이를 위해 출판물, 세미나, 다큐멘터리, 온라인 자료 등을 통해 독일 시민들에게 폭넓은 정치적 정보를 제공한다.

특히, 학교 교육에서 정치 교과서와 자료를 개발하고 지원하며, 젊은 층에게 민주주의의 중요성을 알리는 데 중점을 둔다. 또한, 다양한 계층의 시민들이 민주주의를 이해할 수 있게 교육 기회를 확대하고 있다. BPB는 국제적 협력을 통해 다른 국가의 정치 교육 기관들과 교류하며, 세계적으로 민주주의 교육의 모범 사례로 평가받는다.

민주주의 실현을 위한 정치교육이
독일연방정치교육원의 존재 이유

"민주주의 실현을 위한 정치교육이 우리의 존재 이유입니다. 특히 나치 치하의 암울한 역사를 되풀이하지 않기 위해 건전한 민주시민을 양성하는 것이 저희 기관의 핵심 가치입니다"

독일연방정치교육원(BPB, Bundeszentrale fur politische Bildung)의 다니엘 크래프트(Daniel Kraft) 커뮤니케이션 담당자는 이 기관의 정체성을 이같이 밝혔다. 지난해 10월 9일 본(Bonn)에 소재한 BPB를 찾은 한국 언론인 연수단과 가진 간담회에서다.

1952년 설립된 BPB는 독일 시민들의 정치의식 함양과 민주주의 공고화를 위해 연방 내무부 산하 기관으로 출범했다. 70여 년의 역사를 자랑하는 이 기관은 성인 정치교육을 위한 다양한 프로그램을 주관하며 민주주의 문화 확산에 기여하고 있다.

정부 비판도 마다하지 않아⋯ 정치적 중립성이 운영 원칙

독일은 연방제 국가로, 연방 정부와 16개 주 정부가 각각 정치교육원을 두고 있다. 주 정부 예산으로 운영되는 주 단위 정치교육원과 달리

BPB는 연방 정부로부터 재정 지원을 받는다.

글라이히 국장에 따르면 연방 정부는 매년 1억 유로(약 1449억 원) 규모의 예산을 BPB에 지원한다. 다만 올해(2023년) 예산은 정부의 긴축재정 기조로 인해 8000만 유로(약 115억 원)로 삭감됐다고 했다.

그럼에도 "정부의 입김이 작용할 여지는 전혀 없다"고 다니엘 크래프

▲ 독일연방정치교육원(BPB, Bundeszentrale für politische Bildung)의 다니엘 크래프트(Daniel Kraft) 커뮤니케이션 담당자.

트 커뮤니케이션 책임자는 단언했다. 그는 "BPB는 정부 비판도 마다하지 않는다"며, "정치적 중립성이 저희 운영의 대원칙"이라고 강조했다.

이어 "특정 정파의 이해관계와는 무관하게 객관적 시각에서 정보와 교육 서비스를 제공하는 것이 핵심 역할"이라며, "모든 예산 사용 내역을 투명하게 공개하는 등, 공정성 시비를 불식시키기 위해 많은 노력을 기울이고 있다"고 설명했다.

출판·미디어 교육 등이 주요 사업… 디지털 전환도 적극 대응

BPB의 주요 사업으로 각종 교재와 자료집 발간이 눈에 띈다. 민주주의, 정치, 경제, 사회, 문화, 역사 등 다방면의 주제를 아우르는 도서를 연간 10여 종씩 출간해 온라인과 오프라인으로 보급하고 있다. 대부분 저가에 판매하거나 무료로 배포한다.

"출판 사업이 전체 예산의 70%를 차지할 정도로 비중이 높습니다. 학교와 도서관은 물론 일반 시민들이 부담 없이 정치 지식을 습득할 수 있게 하는 것이 목표입니다."

이밖에도 BPB는 교사와 교수, 언론인 등 각계의 '오피니언 리더'들을 대상으로 한 교육과 연수에도 공을 들인다. 이들이 올바른 민주시민의식을 갖추고 사회 각층에 전파하는 '씨앗' 역할을 해줄 것으로 기대하고 있다.

최근에는 디지털 미디어 시대에 발맞춰 온라인 콘텐츠 개발과 뉴미디어 활용에도 적극 나서고 있다. 페이스북, 유튜브, 팟캐스트 등 다양한 플랫폼을 통해 젊은 세대와의 소통에 힘쓰는 한편, 가짜 뉴스 대응 교육 프로그램도 강화하고 있다.

언론인 역량 강화 지원으로 민주주의 신장에 기여

BPB가 특히 공을 들이는 분야 중 하나는 언론인 교육이다. 정기적으로 저널리스트를 초청해 심층 워크숍을 진행하고, 각종 연수 프로그램도 제공한다. 언론학 전공 대학원생들을 위한 장학금 지원 사업도 운영 중이다.

"건강한 민주주의를 위해서는 자유롭고 비판적인 언론이 필수적입니다. 언론의 역할과 사명을 다할 수 있도록 다각도로 지원하고 있습니다."

특히 BPB는 지역 언론 활성화에 많은 관심을 쏟고 있다. 최근 로컬 저널리스트들을 대상으로 한 맞춤형 연수를 확대하고, 이들 간 정보교류와 네트워킹을 독려하고 있다.

"중앙 언론에 비해 재정적 어려움을 겪는 지역 언론사들이 많습니다. 우수 인재 육성과 뉴미디어 역량 강화 등을 통해 이들의 경쟁력을 제고하는 데 주력하고 있습니다."

글라이히 국장은 "지역 언론이 활성화돼야 풀뿌리 민주주의가 꽃필 수 있다"며, "다양한 목소리가 여과 없이 전달되고 지역사회 여론이 왜곡 없이 반영될 수 있게 지역 언론에 대한 지원을 게을리 하지 않겠다"고 강조했다.

정치교육으로 통일 후유증 극복… 언론 신뢰 제고도 시급

한편 BPB는 독일 통일의 후유증을 치유하는 데도 적극 나서고 있다. 다니엘 크래프트 커뮤니케이션 담당자는 "동서독 주민 간 문화적·심리적 격차가 아직도 현저하다"며, "다양한 교육과 문화 콘텐츠로 상호 이해의 폭을 넓혀가고 있다"고 전했다.

아울러 그는 급변하는 미디어 환경 속에서 독일 언론의 신뢰도 제고가 시급한 과제라고 지적했다. 정파 간 이해충돌과 가짜 뉴스 확산에 따른 신뢰 저하를 우려하면서다.

"검증되지 않은 정보의 범람 속에 언론의 권위가 추락하고 있습니다.

공영방송 수신료 폐지 논란으로 공영방송 역할론도 도마에 오르고 있죠. 이대로라면 민주주의의 근간이 흔들릴 수 있습니다."

다니엘 크래프트 커뮤니케이션 담당자는 "정치 교육을 통해 국민들의 미디어 리터러시를 높이고, 언론의 책무성도 다잡아 나가는 것이 해법"이라며 "BPB도 이를 위해 더욱 분발하겠다"고 말했다.

올해로 설립 72주년을 맞은 BPB. 그간 이 기관이 독일 정치 교육과 민주주의 발전에 기여한 바는 지대하다. 앞으로도 시대 변화에 맞춰 역할을 어떻게 재정립해 나갈 것인지 귀추가 주목된다. 성숙한 시민의식이 살아 숨 쉬는 민주공동체를 구현하는 데 든든한 토대가 되어줄지 말이다.

6장

독일 언론이 한국에 주는 시사점

독일 언론은 AI 시대에도 강력한 지역성을 바탕으로 생존 전략을 모색하고 있다. 독일의 지역 언론과 방송 시스템은 강력한 지방분권을 기반으로 발전해왔다. 이와 달리 한국은 중앙집권적 구조 속에서 미디어의 발전이 더디었으며, 독일의 공영방송 시스템에서는 한국에서와 같은 구조적 문제를 발견하기 어렵다. AI 시대를 맞아 독일 언론과 방송이 보여주는 혁신과 변화를 통해 한국 미디어는 새로운 방향을 모색할 수 있다.

18

금속활자는 독일보다 '200년 빠른 한국' 언론은 늦어

한국에서 독일로 간 금속활자

고려의 금속활자는 구텐베르크보다 206년 앞서 발명된 세계 최초의 금속활자다. 1234년 고려에서 '상정고금예문'을 금속활자로 인쇄했고, 이는 인류 문명에 큰 변화를 가져왔다.

독일 베를린 커뮤니케이션박물관은 이를 전시하며, 한국의 금속활자가 세계 최초임을 강조한다. 반면, 독일은 구텐베르크의 금속활자를 통해 면죄부를 인쇄했고, 이후 성서 보급과 루터의 종교개혁으로 이어졌다. 한국의 금속활자 기술은 뛰어났지만, 조선시대의 신분제와 지배계급의 권력 유지로 인해 신문 발달이 늦어졌다.

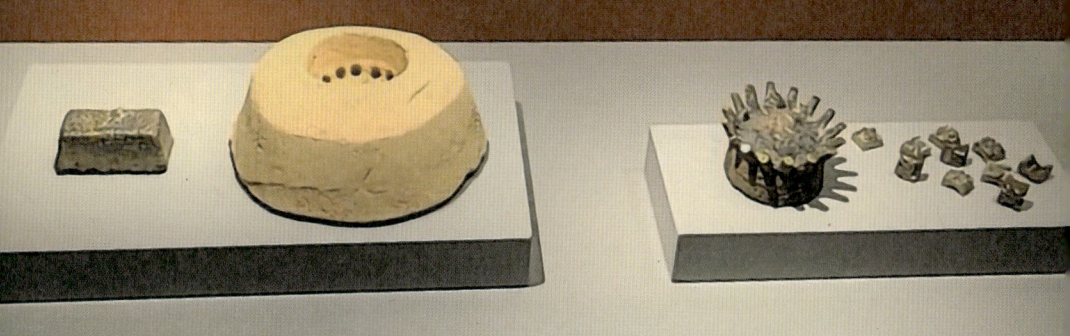

▲ 독일 베를린 커뮤니케이션박물관이 소개하고 있는 한국 금속활자 모형(KPF 로컬저널리즘 연수단).

고려 금속활자 '상정고금예문', 구텐베르크보다 206년 빨라

인류가 지식과 정보를 저장하고 계승하면서 문명을 발전시킬 수 있었던 중요한 원동력 중에 하나를 꼽으라면 의사소통과 기록이다. 처음엔 말로만 이뤄지고 전해지던 게 문자가 탄생하면서 의사소통과 기록이 수월해지고 방대해졌다.

그리고 인류의 기록 문화에 변혁을 가져온 것은 종이 제작과 인쇄술의 발전이다. 필사에 의존하던 인쇄가 목판활자와 금속활자를 거치면서 인쇄술은 더욱 발달했고, 지식과 정보는 이전보다 빠른 속도로 확산됐다.

특히, 세계 최초의 금속활자는 한국(고려)에서 발명했는데, 금속활자의 발명은 인류 문명사에 획기적인 변화를 일으켰다. 바로 인쇄 매체의 등장이다.

독일 베를린 커뮤니케이션을 '한국언론진흥재단 독일 로컬저널리즘 연수' 참가 기자단이 방문했을 때 한국에서 왔다고 하니, 박물관 해설사가 가장 먼저 안내한 곳이 금속활자를 설명한 부분이다. 베를린 커뮤니케이션박물관은 한국의 금속활자를 전시하고 있었다.

박물관 해설사는 주저 없이 한국의 금속활자가 세계 최초라고 설명하며, 중국의 인쇄술과 한국(고려)의 금속활자가 결합한 금속활자 인쇄술이 독일로도 이어졌다고 했다. 실제로 고려 금속활자는 세계 최초의 발명품이다.

세계 인류 최초로 알려진 고려 금속활자본은 1377년 제작한 불경 직지심체요절이다. 하지만 고려는 이 직지보다 약 140년 앞선 1234년에 '상정고금예문'을 금속활자로 인쇄했다.

고려 문신 이규보가 지은 문집 '동국이상국집'에 고려 고종 21년(1234년)에 '상정고금예문'을 활자로 찍었다는 기록이 나온다. 상정고금예문은 현존하진 않지만 기록으로 보면 현존하는 세계 최초 금속활자본 직지(1377년)보다 143년 앞선다.

독일 베를린 커뮤니케이션박물관 내 독일 금속활자 소개 코너 Chapter 18 (KPF 로컬저널리즘 연수단. ▶

면죄부 인쇄하던 구텐베르크
금속활자가 루터 종교개혁으로 반전

상정고금예문을 기준으로 206년이 흘러 유럽에서 금속활자가 등장한다. 1440년 신성로마제국(독일) 마인츠에서 구텐베르크가 금속활자를 만드는 데 성공했다.

영국 엑슬리에서 만든 구텐베르크 전기에 의하면, 구텐베르크는 1397년 혹은 1398년에 마인츠에서 태어난 것으로 알려져 있다. 그의 집안은 하급 귀족으로 마인츠를 지배하는 대주교 밑에서 돈을 찍어내는 금속세공 관리로 일했기 때문에, 구텐베르크는 이때 주물, 압축 등의 금속세공 기술과 지식을 익힐 수 있었다.

마인츠는 신성로마제국의 황제를 지명할 수 있는 엄청난 권한을 지닌 가톨릭교회 3대 대교구 중 하나에 속했다. 3대 교구 대주교는 마인츠 대주교, 트리어 대주교, 쾰른 대주교다.

로마제국이 서로마제국에서 동로마제국으로 바뀌고, 9세기 초(800년) 오늘날 프랑스와 독일과 오스트리아 등에 해당하는 중유럽에서 다시 탄생한 신성로마제국은 재정 마련을 위해 면죄부를 판매했다. 구텐베르크가 발명한 금속활자를 처음엔 이 면죄부 인쇄에 사용됐다.

그 뒤 금속활자 기술은 성서 보급에 확대됐다. 라틴어로 돼 있는 성서는 필사로 전해지는 성직자만의 전유물에 해당했다. 하지만 금속활자가 등장하면서 성서의 보급이 확대되면서 신부가 아닌 사람이 성경을 해

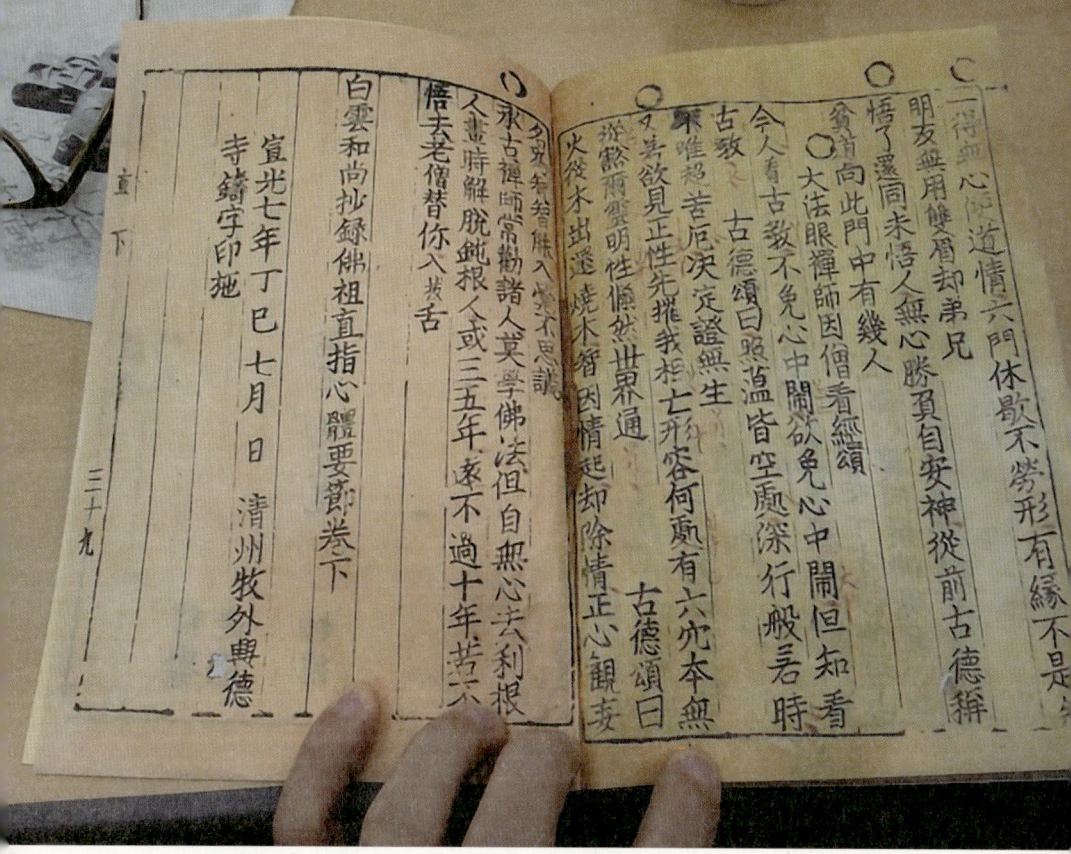

▲ 1377년 금속활자로 찍은 직지심경을 복제한 영인본 사진.(Pixabay의 Isz님 이미지).

석할 수 있게 됐다.

    금속활자로 인쇄한 성서 보급 확대는 16세기 마틴 루터의 종교개혁으로 이어졌다. 루터는 면죄부 판매 등 가톨릭교회의 부패를 95개 조로 반박하며 종교개혁을 이끌었다. 아울러 루터는 금속활자를 이용해 성서를 인쇄해 보급했고, 라틴어로 된 성서를 고대 독일어로 번역해 인쇄하며 독일어의 토대를 마련했다. 루터의 종교개혁은 금속활자 덕에 들불처럼 번졌다.

독일보다 200년 앞선 금속활자 인쇄술 보유하고도 기득권에 막혀

이후 인쇄술의 발달은 의사소통의 발달을 가져왔고, 독일에선 신문의 발달로 이어졌다. 독일 신문 발행의 역사는 400여 년에 이른다. 금속활자를 구텐베르크보다 200여 년 더 빨리 만들고, 인류사에 가장 훌륭한 문자 한글까지 만든 한국에서 신문 발달이 늦어진 건 임진왜란과 병자호란, 세도정치를 겪으면서 낡고 무능한 양반 중심 신분체제가 계속됐기 때문일 것이다.

조선 조정이 조보 발행에 필사를 고집하고, 민간에서 인쇄해 발행한 민간 조보가 왕에 의해 폐간된 것은 곧 조선 시대 지배 계급이 정보를 철저하게 통제하고 자신들만의 기득권을 지키는 데 언론을 적극적으로 이용했다는 것을 의미한다.

한국은 금속활자 인쇄술을 세계 최초로 발명했고, 신문 발행의 필요성도 제기됐고, 필요한 기술력을 갖추고 있었다. 하지만 조선 조정은 양란과 세도정치를 거치며 신분제를 공고하게 다지며 지배 계급의 권력과 이익을 옹호하는 데만 혈안이 돼, 언론이 제대로 발전하지 못했다.

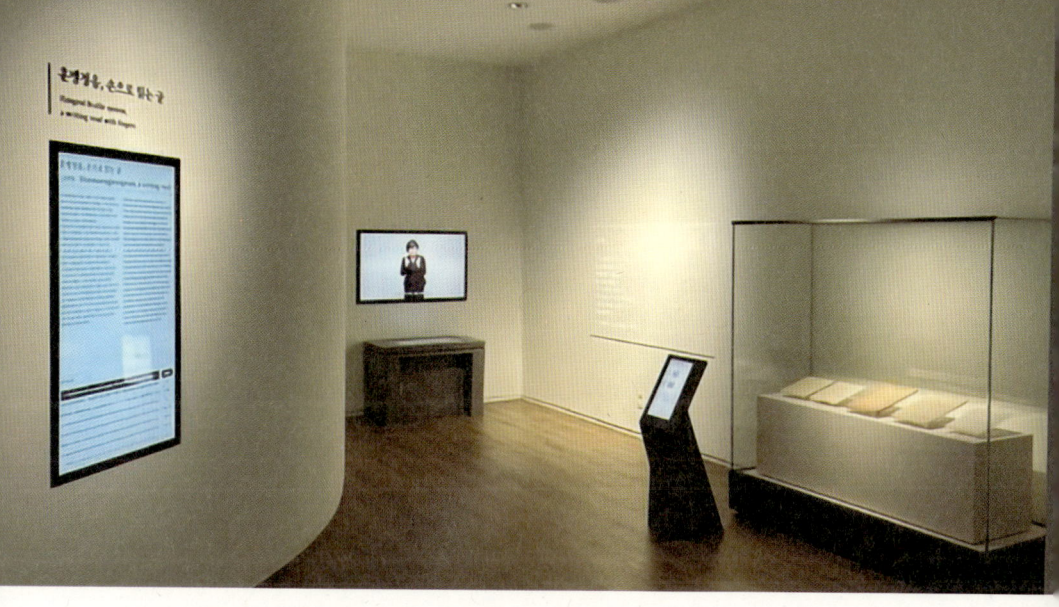
▲ 인천 국립세계문자박물관 상설전시실에 마련된 '훈맹정음' 전시관.

인천 국립세계문자박물관에
커뮤니케이션 역사 기능 더해졌으면

　인천에도 베를린 커뮤니케이션박물관과 성격이 비슷한 국립 세계문자박물관이 있다. 국립 세계문자박물관은 인천에 건립된 첫 국립 박물관이다. 문자 전문 박물관으로는 프랑스 샹폴리옹 박물관, 중국 문자박물관에 이어 세계에서 세 번째로 조성됐다.
　인천의 국립 세계문자박물관은 이집트의 상형문자를 중심으로 전시를 구성한 프랑스 샹폴리옹 박물관과 갑골문자·한자를 중심으로 전시를 구성한 중국 문자박물관과 달리 세계 문자 55종을 전시·연구한다는 점에 차별성이 있다.

인천 세계문자박물관은 지하 1층, 지상 2층으로 구성됐고, 총면적 1만5650㎡ 규모다. 주요 시설은 전시시설, 교육·연구시설, 수장고, 강당, 기념품가게, 식·음료가게, 주차장 등이다.

인천 세계문자박물관은 관련 희귀 유물 543점을 확보하고 있다. 하지만 문자를 전시하는 데 그치고 있다. 문자는 인류가 지식과 정보를 저장하고 의사소통을 원활하게 하기 위해 만든 것이지만, 문자를 아는 사람만 누리고 영향력을 행사하기에 말은 곧 권력에 해당한다.

그래서 세종대왕이 한글을 만든 이유는 백성들이 문자를 몰라서 자기가 하고 싶은 말이 있어도 하지 못해서 억울한 일을 당하는 일이 없게 하자는 애민정신에서 출발했다. 문자가, 말이 권력이기 때문이다.

문자는 인간의 의사소통을 위한 도구다. 소통은 막힌 것을 없애서 통하게 한다는 뜻이다. 의사소통은 서로의 의사를 전달하고 인식하는 데 막힘이 없어야 한다는 얘기이며, 권력자나 지도자에게 소통은 시민을 향해 열려 있는 귀이며, 특히 언론은 민주주의 사회에서 국민의 알권리 보장을 위해 헌법이 기본권으로 보장하는 장치다.

인천은 상정고금예문을 만들고, 팔만대장경 재조장경도 만들었으며, 규장각이 있었고 훈맹정음도 만든 도시이며, 해방 후 최초로 '대중일보'라는 언론이 태동한 도시다.

국내엔 아직 베를린 커뮤니케이션박물관 역할을 하는 곳이 없으니 이참에 세계문자박물관이 문자를 전시하는 데 그치지 않고, 조선왕조실록 등 세계기록문화유산을 자랑하는 한국이 IT 강국으로 거듭난 한국의 지식 정보 전달 역사와 그 과정에서 민주주의가 어떻게 발전했는지 같이 보여줄 수 있는 박물관으로 거듭났으면 좋겠다.

19

독일 공영방송 구조에선
이진숙 방통위원장 불가능

독일의 공영방송

독일의 공영방송은 제2차 세계대전 후 1949년 설립된 독일연방공영방송연합(ARD)부터 독일 미디어 체계의 중요한 축을 담당하고 있다. 독일은 연방제 국가로, 공영방송 역시 각 연방 주별로 운영되는 방송사가 모여 ARD를 구성하며, 중앙집권적 통제가 아닌 지방 분권적 방송 운영이 이루어진다. ARD는 독립성을 유지하기 위해 정부나 정치권의 간섭을 받지 않으며, 방송위원회가 각 주의 대표들로 구성되어 운영과 편성 방침을 결정한다. ARD 외에도 독일에는 또 다른 주요 공영방송인 독일 제2공영방송(ZDF)이 있다. ZDF는 1963년에 설립되었으며, 역시 독립적 운영구조를 유지한다. 두 방송사는 정치적 중립성을 유지하며 다양한 시청자에게 공정한 정보를 제공하기 위해 노력한다.

독일의 공영방송은 시청료로 재정을 충당하며, 이는 방송 독립성을 보장하는 핵심 요소다. 시청자들은 매달 일정 금액을 지불하고, 이를 통해 정부나 광고주의 영향 없이 공정한 방송을 제작할 수 있다. 특히, 이사회에는 사회 다양한 계층이 참여하여 한국의 공영방송과 차이를 보이며, 신뢰성과 공공성을 높이는 데 기여하고 있다.

서독일방송(WDR), 이사회-감사위원회 이원화로 권력 견제와 균형 실현

한국과 독일의 공영방송 구조와 운영 시스템을 들여다보면 정치적 독립성 확보 측면에서 상당한 차이를 보이고 있다. 특히, 방송사 이사회 구성과 감독 체계에서 큰 차이를 보이는데, 이는 방송의 독립성과 공정성에 직접적인 영향을 미치고 있다.

최근 한국에서는 공영방송 지배구조를 둘러싼 논란이 지속되면서, 독일의 공영방송 이사회 구성원리와 운영방식, 감독위원회 구성원리 등이 큰 주목받고 있다.

독일 노르트라인베스트팔렌 주의 공영방송인 서독일방송(WDR, Westdeutscher Rundfunk)은 프로그램 정책과 방향을 결정하는 이사회(Rundfunkrat)와 재정과 경영을 감시하는 감독위원회(Verwaltungsrat)가 이원화된 상태로 운영된다. 이는 권력의 견제와 균형을 실현하는 핵심 구조다.

WDR 이사회는 주 의회와 지자체 인사, 노조와 경제계 대표, 교육계와 종교계, 시민사회단체 등 각계각층의 목소리를 대변하는 60~70명으로 구성된다. 이러한 이사회 구성의 다양성은 방송의 독립성과 공정성을 확보하는 데 큰 역할을 한다.

이사들의 임기는 통상 5년으로, 장기적인 관점에서 방송 정책을 수립하고 실행할 수 있는 기반을 제공한다.

감독위원회는 12~14명으로 구성된다. 감독위원회는 감사기구에 해당한다. WDR 감독위원은 이사회에서 선출된 인사들과 WDR 직원 대표로 구성된다.

이들은 WDR의 재정을 관리하고 주요 경영 결정을 담당한다. 이러한 이원화 구조는 어느 한 쪽에 권력이 집중되는 것을 방지하고, 상호 견제를 통해 방송의 공정성을 유지하는 데 기여한다.

더불어 독일은 방송의 자유를 헌법으로 보장하고 있다. 이는 나치 시대 방송이 정권의 선전도구로 전락했던 역사적 교훈에서 비롯된 것으로, 공영방송의 독립성을 강력히 보장하는 근간이 되고 있다.

한국의 공영방송, 이사 선임 과정 논란 지속

반면 한국의 공영방송 지배구조를 둘러싼 논란이 지속되고 있다. 한국의 공영방송 이사 선임 과정에서 정치적 중립성 논란이 계속되고 있는 것이다.

방송통신위원회(방통위)는 KBS와 MBC, EBS 등 주요 공영방송의 이사 선임 절차를 진행하고 있는데, 현재 방통위는 5인 체제로 운영되어야 하지만, 수개월째 2인 체제로 운영되고 있어 의사결정의 정당성에 의문이 제기되고 있다.

방통위는 KBS와 방송문화진흥회(방문진, MBC의 대주주)의 이사 공모를 2024년 6월 28일부터 7월 11일까지 진행했다. 이 공모에서 선임될 방문진 이사들은 KBS와 MBC의 경영과 운영에 중요한 영향을 미칠 것으로 예상됐다.

방통위는 KBS 이사에 53명, 방문진 이사에 32명이 지원했다고 밝혔다. 그러나 이 과정에서 방통위의 구성과 운영에 대한 문제가 제기됐다.

방통위는 5인 체제로 운영되어야 하나, 현재 2인 체제로 운영되고 있어 앞서 지적한 대로 의사결정의 정당성에 의문이 제기되고 있는 상황이다.

공영방송 3사(KBS·방문진·EBS) 내 야당이 추천한 이사들은 방통위가 추진하는 공영방송 이사 선임 계획안을 두고 "원천적으로 무효"라고 주장했다. 이들은 방통위가 '합의제 위원회' 취지에 맞게 정상 운영되어야 하며, 현재 2인 체제로 운영되는 방통위의 결정은 절차적 하자가 있다고 지적했다.

2014년 5월 21일 오전 당시 최민희 새정치민주연합 국회의원은 보도자료를 통해 언론이 낸 결정적 오보로 꼽히는 '학생 전원 구조' 보도가 MBC에서 시작됐다고 지적했다. 사진은 최 의원이 밝힌 4월 16일 오전 11시 01분 MBC의 '안산 단원고 학생 338명 전원 구조' 오보 화면.

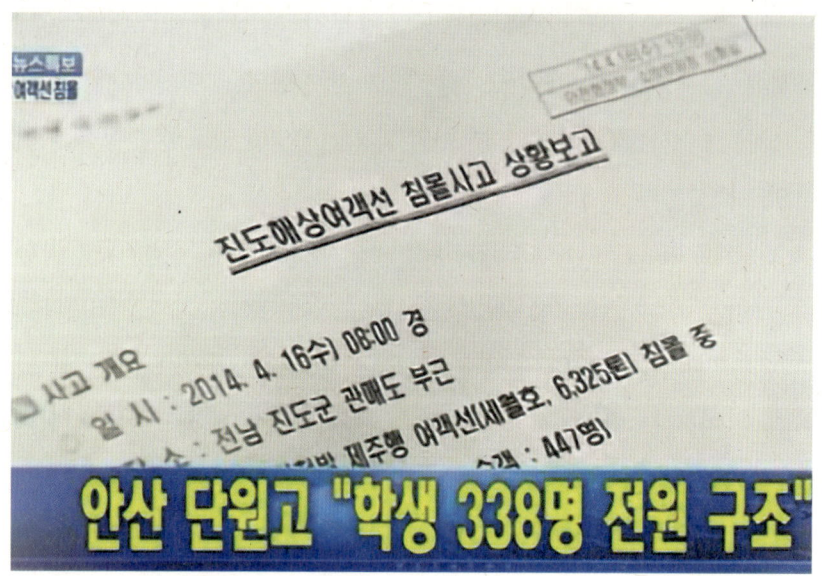

▲ 2014년 4월 16일 세월호 참사 당시 MBC 보도 화면.

세월호 참사 '전원 구조' 오보 당사자가 현 방송통신위원장

헌법재판소가 2025년 1월 23일 이진숙 방송통신위원장에 대한 국회 탄핵을 기각했다. 하지만 이 결정이 방통위의 2인 체제 운영과 공영방송 이사 선임 등의 법적 논란을 종결한 것은 아니다. 법원이 이진숙 방통위 체제가 결정한 행위를 불법이라고 판단한 결정은 여전히 유효하다.

헌재는 방통위 2인 체제가 법 위반인지 판단하기 어렵고, 이진숙 위원장의 행위가 헌법 질서를 중대하게 훼손했다고 보기 어렵다는 이유로

4:4 의견으로 기각 결정을 내렸다. 그러나 방통위 2인 체제에서 내린 방문진·EBS 이사 선임 등 주요 결정은 이미 법원에서 위법성이 인정됐고, 해당 판결의 효력은 여전히 유지된다(서울행정법원 판결, 2024년 12월 5일).

방통위가 MBC 'PD수첩'에 부과한 과징금 처분도 법원에서 취소됐다. 이처럼 방통위 2인 체제에서 내려진 주요 결정들이 법적 효력을 잃고 있어, 향후 방통위 2인 체제 운영의 정당성 논란은 계속될 전망이다.

이진숙 위원장은 MBC 보도국장, 대전MBC 사장 등을 거치며 언론인 출신으로 활동했지만, 2019년 자유한국당(현 국민의힘) 영입 인사로 정치권에 몸담은 이력이 있다. 이 때문에 공영방송의 독립성을 훼손할 수 있다는 우려가 꾸준히 제기돼 왔다.

세월호 참사 당시 MBC가 '전원 구조'라는 오보를 보도했던 책임 논란도 여전히 남아 있다. 당시 MBC는 구조 상황을 제대로 검증하지 않고 속보 경쟁에만 치중했다는 비판을 받았다.

세월호 참사 한 달 동안 MBC의 정부 비판 보도(23건)는 KBS(68건)·SBS(66건)의 30% 수준이었다. 2016년 세월호 참사 특별조사위원회는 이진숙 보도본부장을 '전원 구조 오보 및 유가족 폄훼 보도' 책임자로 지목했다.

또한, 세월호 참사 이후 MBC가 희생자들의 보험금을 계산해 보도하고, 유가족의 조급함이 민간 잠수사의 희생을 불러왔다고 보도하는 등 공영방송의 책임을 다하지 못했다는 지적이 계속되고 있다.

대전MBC 사장 시절 법인카드 유용 업무상 배임 입건

이진숙 방통위원장의 자격과 자질 논란은 여기서 끝이 아니다. 그는 과거 사회관계망서비스(SNS)에서 5·18 광주민주화운동을 '폭도들의 선전선동'으로 표현한 댓글에 '좋아요'를 눌렀다는 사실이 밝혀져 비판을 받았다.

이해충돌은 여전히 논란이다. 이진숙 후보는 방통위원장 후보자로 지명된 후, MBC의 자회사인 iMBC의 주식을 약 1200만 원 어치 보유하고 있는 것으로 나타났다. 이는 방송 규제 기관의 장으로서 이해충돌의 소지가 있다는 비판을 받는다.

이뿐만이 아니다. 이진숙 방통위원장은 대전MBC 사장 재임 시절 법인카드 부정사용 혐의로 경찰 수사를 받고 있다. 대전 유성경찰서는 이 위원장을 업무상 배임 혐의로 입건해 조사 중이다.

이 위원장은 2015년 3월부터 2018년 1월까지 대전MBC 사장으로 재직하면서 법인카드를 사적으로 사용해 회사에 손해를 끼친 혐의를 받고 있다.

2024년 7월 국회 과학기술정보방송통신위원회 소속 야당 의원들은 이진숙 위원장이 대전MBC 재임 기간에 법인카드로 총 1억4279만 원을 지출했으며, 지출 내역에 고급 호텔, 고가 식당, 유흥업소 등에서 결제가 포함돼 있다며 고발했다.

헌재의 방통위원장 탄핵 기각 결정에도 불구하고, 방통위 2인 체제

▲ 국회에서 발언 중인 더불어민주당 이훈기 의원 (사진제공 이훈기 의원실).

운영의 정당성과 공영방송 이사 선임의 위법 문제는 법원 판결이 여전히 유효한 상황이다. 12.3 비상계엄 내란사태가 지속되면서 공영방송의 독립성과 운영 정상화 문제는 쉽게 해결되지 않을 것으로 보인다.

공영방송 이사 선임 과정은 최소 4~5주가 소요되며, 이 과정에서 국민 의견 수렴과 결격 사유 확인 등이 포함된다. KBS 이사는 대통령이 임명하고, 방문진과 EBS 이사는 방통위가 임명한다. 그러나 방통위의 현재 운영 상태와 정치적 영향력으로 인해 이사 선임 과정의 공정성에 대한 비판이 지속될 전망이다.

공영방송 지배구조 개선 요구 확산

이런 상황에서 공영방송의 지배구조 개선을 요구하는 목소리가 커지고 있다.

국회에서는 방송통신심의위원회 위원에 대한 국회의 해촉 요구권을 신설하는 법안이 발의되는 등 공영방송에 대한 관리·감독 강화 움직임도 있다.

더불어민주당 이훈기(인천 남동을) 국회의원은 방통심의위원이 직무 관련 헌법·법률을 위배한 경우 국회가 대통령에게 방통심의위원 해촉을 요구할 수 있는 근거 조항을 신설하는 방통위법 개정안을 발의했다. 이는 현재 국회가 방통심의위원을 추천할 권한은 있지만, 사후 관리·감독 수단이 없다는 문제의식에서 비롯된 것이다.

전문가들은 한국 공영방송의 독립성과 공정성을 높이기 위해서는 이사회 구성 방식의 개혁과 감독 체계의 이원화 등 제도적 개선이 필요하다고 입을 모으고 있다. 독일 WDR의 사례처럼 다양한 사회 계층을 대표하는 인사들로 이사회를 구성하고, 경영 감독을 위한 별도의 기구를 설치하는 등의 방안이 제시되고 있다.

한국의 공영방송이 본연의 기능을 충실히 수행하고 국민의 신뢰를 회복하기 위해서는 지배구조와 운영 시스템의 개선이 시급한 과제로 대두되고 있다.

공영방송의 정치적 독립성과 공정성 확보는 민주주의의 근간을 이루는 중요한 과제다. 현재 한국의 공영방송이 직면한 문제들을 해결하기 위해서는 사회적 합의를 통한 제도 개선이 시급한 상황이다. 이를 위해 정치권, 학계, 시민사회 등 다양한 이해관계자들의 의견을 수렴하고, 공청회 등을 통해 폭넓은 숙의가 필요하다.

또한, 공영방송 내부 구성원들의 목소리도 충분히 반영돼야 한다. 이를 통해 한국의 공영방송이 진정한 의미의 '공영'을 실현하고, 국민의 신뢰를 회복할 수 있기를 기대해 본다.

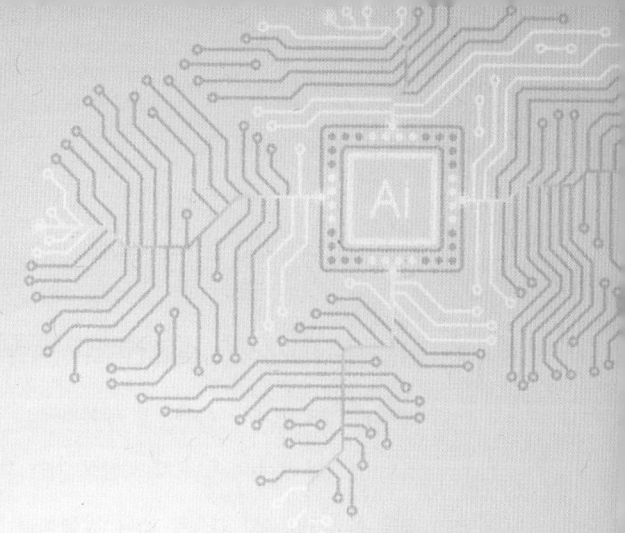

20

인공지능 시대
독일 언론과 방송이
한국에 시사하는 길

인공지능 시대 독일 언론의 시사점

인공지능 시대를 맞아 독일 언론과 방송의 혁신과 대응 전략은 한국 언론에 중요한 시사점을 제공한다. 독일 공영방송 ARD와 ZDF는 지방 분권적 구조와 시청료 기반 재정으로 정치적 독립성을 유지하며, AI 기술로 업무 효율성을 높이고 있다. 도이체 벨레(DW)는 AI로 뉴스 초안을 작성하고 데이터 분석을 통해 맞춤형 콘텐츠를 제공해 독자 참여를 증대시켰다. 바이에른 방송(BR)도 AI 추천 시스템으로 개인화된 프로그램을 제공해 시청률을 높였다.

독일 지역 언론사들은 디지털 전환에도 적극 대응 중이다. 라이니쉬 포스트는 '디지털 퍼스트' 전략과 AI 기반 콘텐츠로 심층 보도를 강화했으며, NOZ 미디어 그룹은 지역 신문 통합과 AI로 편집 효율화를 이루었다.

한국 언론도 AI 기술을 적극 도입해 디지털 전환에 대비하고, 맞춤형 콘텐츠 제공과 업무 효율성 증대로 독자와의 소통을 강화할 필요가 있다. AI와 기자의 협업으로 심층적 저널리즘을 실현하고, 공영방송의 독립성과 공정성을 보장하는 운영 구조도 중요한 과제로 떠오르고 있다.

지역성 기반 콘텐츠로 경쟁력 확보

독일의 지역 언론들은 지역 밀착형 콘텐츠로 높은 시청률과 구독률을 유지하고 있다. 민영방송 TV베를린과 공영방송 서독일방송(WDR) 에센스튜디오의 사례에서 볼 수 있듯이, 지역 주민들의 관심사와 정보 수요를 정확히 파악하고 이에 맞는 콘텐츠를 제공하는 것이 핵심이다.

WDR 에센스튜디오의 경우, 저녁 7시 30분부터 8시까지 30분간 방송되는 지역 뉴스 프로그램이 35%의 높은 시청률을 기록하고 있다. 이는 지역 주민들의 일상과 밀접하게 연관된 뉴스, 문화, 경제, 축제 등 다양한 콘텐츠를 제공하기 때문이다.

한국의 지역 언론도 단순한 지역 소식 전달을 넘어, 지역 특성을 살린 차별화된 콘텐츠 개발에 더욱 주력해야 할 것이다. 예를 들어, 지역의 역사와 문화, 예술 등을 깊이 있게 다루는 시리즈, 지역의 정치·경제 현안에 대한 심층 분석, 지역 주민의 삶을 생생하게 전달하는 다큐멘터리 등을 제작할 수 있을 것이다.

디지털 전환과 뉴미디어에 대응

라이니쉬 포스트의 사례는 디지털 전환에 성공적으로 대응하는 모습을 보여준다. 이 신문사는 '디지털 퍼스트' 전략을 통해 온라인 구독자를 꾸준히 늘려가고 있다. 현재 일간 발행 부수 20만부, 온라인 구독자 5만 명을 확보한 라이니쉬 포스트는 2030년까지 매출의 50% 이상을 디지털에서 올리는 것을 목표로 하고 있다.

라이니쉬 포스트의 디지털 전략에서 주목할 만한 점은 다음과 같다.

1) **심층성에 주력하는 콘텐츠 전략** : 속보 경쟁보다는 깊이 있는 분석과 해설에 집중한다. 이는 단순 정보 전달을 넘어 가치 있는 콘텐츠를 제공하려는 노력이다.

2) **AI 기술의 전략적 활용** : AI를 활용해 업무 효율성을 높이면서도, 기자의 전문성이 담보된 기사만이 독자의 신뢰를 얻을 수 있다는 점을 강조한다. 이는 기술과 인간의 조화를 추구하는 바람직한 접근 방식이다.

3) **새로운 소통 채널 개발** : 팟캐스트, 뉴스레터 등 다양한 채널을 통해 독자와의 접점을 확대하고 있다. 특히 뉴스레터 구독자가 44만 명에 달한다는 점은 주목할 만하다.

4) **맞춤형 서비스 개발** : '음성 기반 인터페이스'와 'AI 맞춤형 뉴스 추천' 서비스 등을 통해 개인화된 뉴스 경험을 제공하려 노력하고 있다.

한국의 지역 언론도 단순히 기존 콘텐츠를 디지털로 옮기는 데만 머물게 아니라, 각 플랫폼의 특성에 맞는 새로운 형태의 콘텐츠 개발에 투자해야 한다. 또한, 독자들의 뉴스 소비 패턴 변화에 맞춰 모바일 퍼스트, 동영상 강화 등의 전략을 수립해야 할 것이다.

독일 지역 언론의 AI 활용 성공 사례

독일 지역 언론과 방송국들이 인공지능(AI) 기술을 적극 활용해 업무 효율성을 높이고 독자 및 시청자 서비스를 개선하고 있다.

도이체 벨레(Deutsche Welle, DW, 독일의 소리)는 AI로 뉴스 콘텐츠 생성과 관리 효율성을 높였다. AI가 뉴스 기사 초안을 작성하고 데이터 분석으로 독자 관심사를 파악해 맞춤형 콘텐츠를 제공한다. 이를 통해 독자 참여도와 콘텐츠 품질, 생산성이 모두 향상됐다.

바이에리셔 룬트풍크(Bayerischer Rundfunk, BR, 바이에른방송)는 AI 기반 추천 시스템을 도입했다. 시청자들의 시청 기록과 선호도를 분석해 개인화된 프로그램을 추천하는 방식으로 시청자 만족도와 시청률을 높였다.

NOZ 메디엔 그룹(NOZ Medien Gruppe, 새오스나브뤼크신문 미디어 그룹)은 독일 북부의 여러 지역 신문을 통합해 디지털 전환을 가속화했다. 통일된 디자인과 포맷으로 콘텐츠 가독성을 높여 독자들의 호응을 얻었다.

뒤몽 미디어 그룹(DuMont Media Group, 뒤몽 언론 그룹)은 AI로 지역 신문들의 디지털·인쇄 콘텐츠를 효율적으로 관리한다. AI가 기사 초안을 작성하고 편집자가 검토하는 시스템으로, 기자들은 더 중요한 취재와 심층 보도에 집중할 수 있게 됐다.

이 사례들은 AI 기술이 반복 작업을 줄이고 개인화된 콘텐츠를 제공하는 데 큰 역할을 하고 있음을 보여준다.

한국 언론도 이를 참고해 업무 효율성을 높이고 독자 서비스를 개선할 방안을 모색해야 할 것이다.

저널리즘의 질적 향상과 신뢰도 제고

독일의 본인스티튜트가 추구하는 '컨스트럭티브 저널리즘(=솔루션 저널리즘)'은 문제 제기를 넘어 해결책까지 제시하는 저널리즘을 지향한다. 이는 언론의 사회적 책임을 강조하는 동시에 신뢰도를 높이는 방안이 될 수 있다.

본인스티튜트의 연구에 따르면, 컨스트럭티브 저널리즘으로 제작한 기사가 그렇지 않은 기사보다 독자의 관심과 호응을 더 얻는 것으로 나타났다. 이는 단순히 문제를 지적하는 것을 넘어, 대안을 함께 모색하는 저널리즘이 독자들에게 더 큰 가치를 제공할 수 있음을 시사한다.

한국 언론도 단순 보도를 넘어 심층적이고 건설적인 보도를 통해 독자들의 신뢰를 회복해야 한다. 예를 들어, 사회 문제를 다룰 때 단순히 현상을 지적하는 데 그치지 않고, 전문가 의견을 포함한 해결 방안, 해외 사례, 독자 참여 등을 통해 종합적인 접근을 시도할 수 있을 것이다.

언론인 교육과 전문성 강화

도르트문트공대 저널리즘학과의 사례는 독일이 언론인 교육에 얼마나 많은 투자를 하고 있는지 보여준다. 이 학과의 특징은 다음과 같다.

1) **융복합 교육** : 저널리즘을 정치학, 경제학, 법학 등 다양한 분야와 접목해 심도 있는 교육을 제공한다.
2) **현장실습 중시** : 4년 과정 중 1년을 반드시 미디어 현장에서 보내도록 하여 실무 경험을 쌓게 한다.
3) **멀티미디어 실습** : 글쓰기뿐만 아니라 영상, 오디오 등 다양한 형식의 콘텐츠 제작 능력을 키운다.
4) **데이터 저널리즘 교육** : 공공 데이터와 소셜미디어 데이터 분석 등 데이터 저널리즘 기법을 가르친다.

한국에서도 언론인의 지속적인 교육과 재교육을 통해 전문성을 강화해야 할 것이다. 특히 빠르게 변화하는 미디어 환경에 대응할 수 있는 디지털 역량 강화, 데이터 분석 능력 향상, 그리고 특정 분야에 대한 전문성 개발 등이 필요하다.

독일 공영방송의 지배구조와 운영방식

특히, 언론 역사가 오래된 곳이자 언론 선진국에 해당하는 독일 언론이 한국에 시사하는 점은 공영방송 분야다.

독일 공영방송의 지배구조와 운영방식은 정치권력이 바뀔 때마다 홍역을 치르는 한국의 공영방송에 무척 중요한 시사점을 제공한다.

대표적인 공영방송인 WDR(Westdeutscher Rundfunk)의 사례를 통해 자세히 살펴보자.

	대표적인 공영방송인 WDR의 사례
이원화된 감독 체계	WDR은 프로그램 정책과 방향을 결정하는 이사회(Rundfunkrat)와 재정과 경영을 감시하는 감독위원회(Verwaltungsrat)가 이원화된 구조로 운영된다. 이는 권력의 견제와 균형을 실현하는 핵심 구조다.
이사회 구성의 다양성	WDR 이사회는 60~70명으로 구성되며, 주 의회와 지자체 인사, 노조와 경제계 대표, 교육계와 종교계, 시민사회단체 등 각계각층의 소리를 대변한다. 이러한 다양성은 방송의 독립성과 공정성을 확보하는 데 큰 역할을 한다
감독 위원회의 역할	12~14명으로 구성되는 감독위원회는 이사회에서 선출된 인사들과 WDR 직원 대표로 구성된다. 이들은 WDR의 재정을 관리하고 주요 경영 결정을 담당한다.
재원 구조	WDR은 주로 시청자들이 내는 수신료로 운영된다. 이는 광고 수입 의존도를 낮춰 상업적 압력으로부터의 독립성을 보장한다.
법적 보장	독일은 방송의 자유를 헌법으로 보장하고 있다. 이는 나치 시대 방송이 정권의 선전도구로 전락했던 역사적 교훈에서 비롯된 것으로, 공영방송의 독립성을 강력히 보장하는 근간이 되고 있다.

이러한 독일 공영방송의 구조와 운영 방식은 한국 공영방송의 개선 방향에 중요한 시사점을 제공한다. 특히 이사회 구성의 다양성 확보, 감독 체계의 이원화, 재원 구조의 개선 등은 한국 공영방송의 독립성과 공정성 강화를 위해 참고할 만한 요소들이다.

독립적 언론의 새로운 모델: 타츠(taz)의 협동조합 구조

타츠의 협동조합 모델은 언론의 독립성과 재정적 안정성을 동시에 추구하는 혁신적인 방식을 보여준다. 1991년 협동조합으로 전환한 타츠는 현재 조합원을 약 2만3000명 보유하고 있으며, 이들이 신문사의 '주인'이 되어 언론의 독립성을 보장하고 있다.

타츠 모델의 주요 특징은 다음과 같다.

1) **1인 1표 원칙** : 조합원들은 총회에서 동등한 의결권을 가진다.
2) **광고 제한** : 전체 지면의 10% 내외로 광고를 제한해 광고주 영향력을 최소화한다.
3) **편집권 독립** : 조합원들은 경영에 참여하지만 구체적인 기사 작성에는 관여하지 않는다.
4) **사회적 약자 중심의 보도** : 소수자와 약자의 입장을 대변하는 저널리즘을 추구한다.

이는 한국 언론에 광고나 대기업의 지원에 의존하지 않고, 독자들과 직접 연결되는 새로운 구조의 가능성을 제시한다. 특히 지역 언론의 경우, 지역 주민들이 직접 참여하는 협동조합 형태의 언론사 설립을 고려해 볼 만하다.

포털사이트와 빅테크 기업에 대한 독일신문발행인협회의 대응

독일신문발행인협회는 구글, 애플, MS 등 글로벌 빅테크 기업을 상대로 저작권료 소송을 제기하는 등 적극적으로 대응하고 있다. 또한 방화벽 설치 등 기술적 조치를 통해 국내 미디어 콘텐츠를 포털이 무단으로 이용하는 것을 막는 방안도 검토 중이다. 특히 주목할 만 한 점은 다음과 같다.

1) **법적 대응** : 저작권법 개정으로 뉴스 콘텐츠에 대한 저작권 보호를 강화하고 있다.
2) **기술적 대응** : 뉴스 콘텐츠에 대한 접근을 제한하는 기술적 조치를 도입하고 있다.
3) **협상력 강화** : 언론사들이 단체로 대응함으로써 빅테크 기업들과의 협상에서 유리한 위치를 차지하고 있다.
4) **대안 플랫폼 개발** : 일부 언론사들은 자체 뉴스 플랫폼을 개발하여 포털

의존도를 낮추려 노력하고 있다.

이는 한국 언론계도 포털과 빅테크 기업에 대해 보다 적극적인 대응이 필요함을 시사한다. 개별 언론사의 노력뿐만 아니라, 업계 전체가 협력하여 공동 대응하는 방안을 모색해야 할 것이다.

미디어 리터러시 교육의 중요성

베를린 커뮤니케이션박물관의 사례는 미디어 리터러시 교육의 중요성을 잘 보여준다. 리터러시(literacy)란 원래 '문해력'을 뜻하는 말이다. 글을 읽고 쓸 줄 아는 능력이 리터러시의 기본 의미다. 하지만 요즘엔 그 뜻이 크게 확장됐다. 이젠 어떤 분야의 정보를 제대로 이해하고 쓸 줄 아는 능력을 통틀어 리터러시라 한다.

미디어 리터러시, 디지털 리터러시, 정보 리터러시, 금융 리터러시 등이 대표적이다. 미디어 리터러시는 각종 매체가 전하는 정보를 비판적으로 볼 줄 아는 능력이다.

디지털 리터러시는 디지털 기기와 기술을 능숙하게 다루는 능력을 말한다. 정보 리터러시는 필요한 정보를 찾아 제대로 활용하는 능력이다. 금융 리터러시는 금융 정보를 이해하고 현명하게 돈을 관리하는 능력이다.

결국 리터러시는 단순히 글을 읽고 쓰는 수준을 넘어섰다. 현대 사회에서 꼭 필요한 여러 정보와 기술을 제대로 이해하고 활용하는 종합적인 능력을 뜻한다. 특히 요즘같이 정보의 홍수 속에서 미디어 리터러시가 중요하다.

미디어가 쏟아내는 정보를 비판적으로 들여다보고 제대로 평가할 줄 아는 능력이 절실하다.

그런 점에서 베를린 커뮤니케이션박물관은 단순한 전시 공간을 넘어 미디어의 역사와 그 영향력을 보여주는 교육의 장이자, 미디어 리터러시 교육 공간으로 기능하고 있다. 특히 다음과 같은 점에 주목할 필요가 있다.

1) **역사적 교훈** : 나치 시대의 선전 선동, 동서독 분단 시기의 미디어 역할 등을 통해 미디어의 영향력과 책임을 강조한다.
2) **현대 미디어 환경 이해** : 디지털 시대의 미디어 환경 변화와 그에 따른 도전 과제를 다룬다.
3) **비판적 사고력 함양** : 단순한 정보 전달을 넘어 미디어를 비판적으로 이해하고 활용하는 능력을 키우는 데 초점을 맞춘다.
4) **학교 교육과의 연계** : 베를린의 모든 학생들이 학기 중 한 번은 이 박물관을 방문하도록 하여 체계적인 미디어 교육이 이루어지고 있다.

한국에서도 이와 같은 미디어 리터러시 교육을 강화할 필요가 있다.

특히 가짜 뉴스의 범람, AI 기술의 발전 등으로 인해 미디어 환경이 급변하는 상황에서, 시민들이 미디어를 비판적으로 이해하고 활용할 수 있는 능력을 기르는 것은 매우 중요하다.

독일 타산지석 삼아 한국 언론이 나아갈 길

독일 언론의 사례는 한국 언론이 나아갈 방향에 대해 많은 시사점을 제공한다. 지역성 강화, 디지털 혁신, 질적 저널리즘 추구, 언론인 교육 강화, 공영방송의 독립성 확보, 새로운 경영 모델 모색, 빅테크 기업에 대한 대응, 그리고 미디어 리터러시 교육 강화 등은 한국 언론이 당면한 과제이자 기회다.

특히 인공지능 시대를 맞아 언론의 역할과 책임이 더욱 중요해지고 있다. AI 기술을 적극 활용하되, 인간 기자의 전문성과 윤리의식을 바탕으로 한 질 높은 저널리즘을 추구해야 할 것이다. 또한, 빠르게 변화하는 미디어 환경에 대응하면서도 언론의 본질적 가치인 진실 추구와 권력 감시 기능을 잃지 않아야 한다.

이러한 독일의 사례를 참고하여 한국 언론, 특히 지역 언론이 새로운 시대에 걸맞은 혁신과 발전을 이루기를 기대해본다. 언론의 변화는 곧 민주주의의 발전과 직결되는 만큼, 이는 단순히 언론계의 과제가 아닌 우리 사회 전체의 과제라고 할 수 있다.

독일 언론이 보여주는 혁신과 도전 정신은 한국 언론에 중요한 교훈을 준다. 지역성을 기반으로 한 콘텐츠 경쟁력 확보, 디지털 전환에 대한 적극적인 대응, 언론인의 전문성 강화, 공영방송의 독립성 확보, 협동조합 모델과 같은 새로운 경영 방식의 도입, 빅테크 기업에 대한 전략적 대응, 그리고 미디어 리터러시 교육의 강화 등은 한국 언론이 주목해야 할 핵심적인 요소들이다.

특히 AI 기술의 적극적인 활용은 언론사의 업무 효율성을 높이고 독자들에게 더 나은 서비스를 제공할 수 있는 기회를 제공한다. 그러나 동시에 AI가 인간 기자를 대체하는 것이 아니라, 기자들이 더 가치 있는 취재와 심층 보도에 집중할 수 있도록 돕는 도구로 활용되어야 한다는 점을 명심해야 한다.

결국 언론의 궁극적인 목표는 민주주의 발전과 사회 공익 증진에 기여하는 것이다. 독일 언론의 사례에서 배울 수 있듯이, 언론의 독립성과 공정성을 확보하고 질 높은 저널리즘을 실천하는 것이 그 어느 때보다 중요해지고 있다. 한국 언론이 이러한 도전과 과제를 슬기롭게 극복하고, 새로운 시대에 걸맞은 혁신을 이뤄내기를 기대해본다.

7장

독일 민주주의와 연방제 그리고 지방분권

독일은 연방제로 중앙과 지방 간 권한 분권을 제도화시켜 민주주의와 지역 균형 발전을 실현했다. 역사적으로 나치 독재 경험을 교훈 삼아 분권화를 강조했다. 입법·행정·사법 영역에서 연방과 주의 권한이 명확히 구분된다. 교육·치안·에너지 등 분야별로 지방분권이 실현되고, 시민은 다양한 영역에서 정치에 참여해 주권을 행사한다. 이러한 독일 모델은 한국의 10차 개헌에 이원집정부제, 광역주정부, 행정수도 이전, 디지털 기본권 등 구체적 시사점을 제공한다.

독일 연방제의 역사와 발전 과정

독일 연방제의 역사와 시사점

독일 연방제는 신성로마제국부터 현재까지 이어온 지방분권 전통을 가진 제도로, 나치 독재 이후 민주주의 보장을 위해 더욱 강화되었다. 1949년 기본법은 연방제를 불가침 원칙으로 명시했고, 통일 과정에서는 동서독 통합의 제도적 틀로 기능했다. 2006년과 2009년 개혁으로 현대화되었으나, EU 통합 심화, 동서독 경제 격차, 난민 문제 등 여러 도전에 직면해 있다. 한국에는 민주주의와 지방분권의 불가분성, 단계적 분권화, 지역 다양성 존중, 연대 원칙, 헌법적 보장 필요성 등의 시사점을 준다.

▲ 독일 나치당 수립을 알리는 베를린 시내 건물 유리창.

신성로마제국과 독일 연방의 시대

962년부터 1806년까지 지속된 신성로마제국 시대, 독일은 수많은 공화국과 자유도시들의 느슨한 연합체였다. 황제의 권한이 제한적이어서, 각 영방(領邦)은 상당한 자율성을 누렸다. 1815년 나폴레옹 전쟁 이후 39개의 독립국가로 구성된 독일 연방이 수립됐다. 이 시기 연방은 국가 간 협의체 성격이 강했으나, 경제적 통합으로 독일 통일의 기반을 마련했다.

제국 시대와 바이마르 공화국

1871년 프로이센 주도로 독일제국이 성립되면서 중앙집권적 체제가 강화됐다. 그러나 각 주는 여전히 교육, 경찰, 지방행정에서 상당한 자치권을 유지했다.

바이마르 공화국(1919~1933)은 연방제의 중요한 실험장이었다. 각 주는 독자적인 헌법과 입법권을 가졌으며, 프로이센을 비롯한 주요 주들은 독자적인 정부 체계를 유지했다. 그러나 1929년 세계 대공황 이후 경제위기와 정치적 혼란 속에서 중앙정부의 권한이 강화되었고, 이는 결과적으로 나치의 권력 장악을 용이하게 만든 요인이 됐다.

나치 시대와 연방제의 붕괴

1933년 히틀러 집권 이후 연방제는 사실상 해체됐다. 나치 정권은 극단적 중앙집권화를 추진하며 모든 권력을 베를린에 집중시켰다. 이 시기의 경험은 전후 독일이 강력한 연방제를 채택하게 된 중요한 역사적 배경이 됐다.

전후 연방공화국의 수립

▲ 서독 빌리브란트 총리의 독일 나치의 유대인 학살에 대한 사과를 기록한 사진과 창문.

    1949년 제정된 기본법은 연방제를 '영구적 헌법 질서'로 규정했다. 이는 기본법 제79조 3항에 따라 개정이 불가능한 조항으로, 연방제가 독일 민주주의의 핵심 요소임을 보여준다. 특히 기본법은 연방과 주의 권한을 명확히 구분했다. 연방은 외교·국방·통화·국적 등 국가적 사무를, 주는 교육·문화·경찰·지방행정 등 지역적 사무를 담당하게 됐다.

    미국·영국·프랑스 연합국은 독일의 민주화를 위해 연방제 도입을 적극 지지했다. 이들은 나치 시대의 중앙집권적 독재를 방지하기 위해 권력의 수직적 분산이 필요하다고 보았다. 연방제는 전후 독일의 경제 재건에도 효과적이었다. 각 주는 자체적인 산업정책으로 지역 경제를 활성화할 수 있었다.

통일 과정에서 연방제의 역할

통일 과정에서 연방제는 동서독 통합의 제도적 틀로 작용했다. 주목할 만한 점은 동독 지역의 새로운 주들이 서독의 연방제도를 자발적으로 수용했다는 것이다. 이는 연방제가 지역의 자율성과 다양성을 보장하면서도 국가적 통합을 달성할 수 있는 효과적인 제도임을 보여준다.

통일 직후 동독 지역의 새로운 주들은 상당한 어려움을 겪었다. 행정 경험의 부족, 재정적 취약성, 산업구조의 붕괴 등이 주된 문제였다. 이를 해결하기 위해 '독일통일기금'과 '연대협약'이 도입됐다. 서독의 주들은 동독 지역 재건을 위해 상당한 재정적 지원을 제공했다. 이러한 연방제적 연대는 통일 독일의 안정적 발전에 크게 기여했다.

현대 독일 연방제의 발전

2006년과 2009년 연방제 개혁은 독일 연방제 현대화를 위한 중요

▲ 1990년 독일 통일 직전 1989년 베를린 장벽이 무너진 브란덴부르크 문에 모인 동·서독 시민.

한 전환점이었다. 첫 번째 개혁에서는 연방과 주의 입법권한이 재조정됐다. 주 입법권 강화와 더불어, 연방의 '기본법' 제정권한이 축소됐다. 두 번째 개혁은 재정헌법 개정으로 연방과 주 재정관계를 재정립했다. 특히 '부채제동장치'를 도입해 재정 건전성을 강화했다.

현재 독일 연방제는 여러 도전에 직면해 있다. EU 통합 심화로 인한 주권의 제약이 대표적이다. 특히 금융, 환경, 이민정책 등에서 EU의 권한이 강화되면서 연방과 주 정부의 자율성이 제한되는 경향이 있다. 동서독 간 경제력 격차도 여전한 과제다. 통일 후 30여 년이 지났지만 구 동독 지역의 실업률은 서독보다 여전히 높고, 1인당 GDP는 서독의 80% 수준에 머물러 있다. 최근에는 시리아 등으로부터 유입된 난민이 연방제 운영에 새로운 도전으로 떠올랐다. 난민 수용과 지원을 둘러싼 연방 정부와 주 정부, 주 정부들 간 갈등이 종종 발생한다. 그러나 이러한 과제들을 해결하는 과정에서도 연방제의 기본 틀은 유지되고 있다. 오히려 위기 대응을 위한 연방 정부와 주 정부간 협력이 강화되는 추세다.

한국에 주는 시사점

독일 연방제의 역사적 발전 과정이 한국의 개헌 논의에 주는 시사점은 다음과 같다.

첫째, 지방분권이 민주주의와 불가분의 관계라는 점이다. 독일은 나치 시대의 극단적 중앙집권화가 초래한 폐해를 교훈 삼아 연방제를 도입했다. 한국도 지역 균형 발전과 민주주의 심화를 위해 강력한 지방분권이 필요하다.

둘째, 점진적이고 단계적인 분권화가 필요하다. 독일은 전후 수십 년에 걸쳐 연방제를 발전시켜왔다. 한국도 지방정부의 역량 강화와 재정

자립도 제고를 위한 단계적 접근이 필요하다.

셋째, 지역의 다양성 존중이 국가 발전의 원동력이 될 수 있다. 독일의 각 주는 고유한 특성을 살려 경쟁력을 키워왔다. 한국도 획일적 발전 모델에서 벗어나 지역별 특성화 전략이 필요하다.

넷째, 분권화와 함께 연대의 원칙도 중요하다. 독일은 재정조정제도를 통해 지역 간 격차를 완화하고 있다. 한국도 지방분권 강화와 함께 지역 간 연대와 협력 메커니즘을 구축해야 한다.

다섯째, 헌법적 보장이 필수적이다. 독일은 연방제를 기본법의 핵심 원칙으로 규정했다. 한국도 10차 개헌으로 지방분권을 헌법적 가치로 확립해야 한다.

독일 연방제의 권력구조와 운영 체계

독일 연방제의 권력 분립과 협력 체계

독일 연방제는 연방 정부와 16개 주 정부 간 명확한 권한 배분을 통해 운영된다. 기본법은 권한을 연방 정부의 배타적 권한(외교, 국방), 공동 관할 사항(경제, 노동), 주 정부 전속 권한(교육, 문화)으로 구분한다. 입법부는 연방 의회와 연방 상원으로 구성되며, 특히 연방 상원은 주 정부 대표들로 구성돼 지역 이익을 대변한다.

행정체계는 '연방이 법률 제정, 주가 집행'이라는 원칙에 따라 분권화돼 있다. 사법제도는 연방 법원과 주 법원으로 이원화돼 있으며, 각 주는 독자적 헌법재판소를 운영한다. 재정조정제도로 지역 간 격차를 완화하고 균형 발전을 도모하는데, 이는 '균등한 생활여건 보장'이라는 헌법적 가치를 실현하려는 것이다.

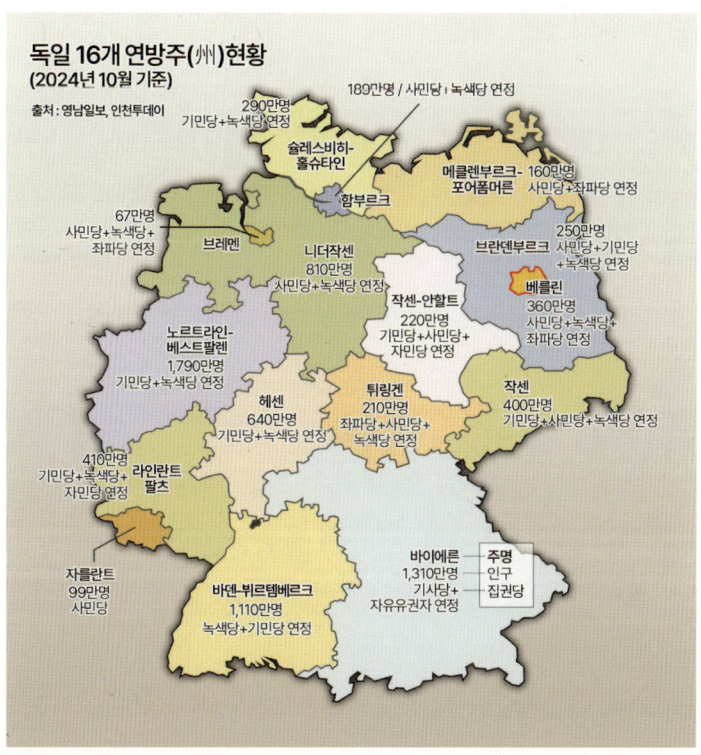

▲ 독일 연방 주정부 현황 지도.

    독일 연방제는 연방 정부와 16개 주 정부 간의 명확한 권한 배분을 통해 작동한다. 기본법은 연방과 주의 입법권, 행정권, 사법권을 세밀하게 구분하고 있으며, 연방 상원을 통해 주 정부의 의견이 연방 정책에 반영되게 보장하고 있다.

연방과 주의 권한 배분

기본법은 연방과 주의 권한을 세 가지 유형으로 구분한다. 첫째, 연방의 배타적 권한으로 외교, 국방, 통화, 국적, 항공 등이 여기에 속한다. 둘째, 연방과 주의 공동 관할 사항으로 경제, 노동, 사회보장, 환경 등이 해당된다. 셋째, 주의 전속적 권한으로 교육, 문화, 경찰, 지방행정 등이 포함된다.

특히 기본법 제30조는 "국가적 권한 행사와 국가적 과제 수행은 이 기본법이 달리 규정하지 않는 한 주의 권한에 속한다"고 명시하고 있다. 이는 연방제의 기본 원칙이 지방분권에 있음을 보여준다. 이와 함께 연방과 주 간의 권한 분배는 서로의 협력을 기반으로 국가적 안정과 지역 자율성을 동시에 유지하고 있다.

입법권의 연방제적 운영

연방 의회(Bundestag)와 연방 상원(Bundesrat)으로 구성된 독일 입법부는 연방제적 특성을 잘 보여준다. 연방 의회는 국민 직선으로 선출되며 일반적 입법권을 행사한다. 반면 연방 상원은 주 정부 대표들로 구성돼 주의 이해관계와 관련된 법안을 심의한다.

특히 주목할 점은 연방 상원의 역할이다. 연방 상원은 주민 수에 따라 3~6석의 의석이 각 주에 배분되고, 주 정부가 임명한 대표들로 구성된다. 이들은 주 정부의 지시에 따라 표결에 참여하며, 주의 이해관계와 관련된 법안에 대해서는 절대적 거부권을 행사할 수 있다. 연방 상원의 의사결정은 주별로 이루어지는데, 한 주의 표는 통일적으로 행사돼야 한다. 이는 연방 상원이 단순한 자문기구가 아니라 주의 이익을 대변하는 실질적 입법기구임을 보여준다.

행정권의 분권화

독일의 행정체계는 '연방이 법률을 만들고 주가 집행한다'는 원칙에 따라 운영된다. 연방법 집행도 대부분 주 정부가 담당하며 연방 정부는 제한된 영역에서만 직접 행정을 수행한다. 이 과정에서 연방 정부는 주 정부의 법 집행이 연방법에 부합하는지 감독할 수 있지만, 합목적성까지 심사할 수는 없다.

각 주는 독자적인 행정조직을 갖추고 있다. 주 수상을 수반으로 하는 주 정부는 교육, 경찰, 지역개발 등 주민생활과 직결된 행정을 자율적으로 수행한다. 그리고 이에 관한 연방 정부의 감독은 제한적으로 이루어진다.

▲ 독일 연방 정부 프레스센터.

사법제도의 이원화

독일의 사법제도는 연방 법원과 주 법원으로 이원화돼 있다. 연방 헌법재판소, 연방 일반법원, 연방 행정법원 등 다섯 개의 연방 최고법원이 있고, 각 주는 독자적인 법원체계를 운영한다. 주목할 만한 점은 각 주가 독자적인 헌법재판소를 두고 있다는 것이다. 주 헌법재판소는 주 헌법 해석, 주 법률의 합헌성 심사, 주 기관 간 권한쟁의 심판 등을 담당한다. 이는 주의 헌법적 자율성을 보장하는 중요한 장치다.

이와 같은 이원적 사법체계는 연방과 주의 권력 균형 유지에 중요한 역할을 하며, 법적 자율성과 협력을 동시에 구현한다.

재정조정제도를 통한 균형 발전

독일 연방제의 특징 중 하나는 정교한 재정조정제도다. 이는 수직적 조정(연방-주)과 수평적 조정(주-주)으로 나뉜다. 연방과 주는 부가가치세 수입을 공동으로 관리하며, 재정력이 강한 주가 약한 주를 지원하는 제도가 있다.

특히 '주간 재정조정제도'(Länderfinanzausgleich)는 주들 간 재정력 격차를 완화하는 핵심 장치다. 이를 통해 주 전체의 재정력이 평균의 95% 이상 수준으로 유지된다. 이는 '균등한 생활여건 보장'이라는 헌법적 요청을 실현하는 수단이다. 더 나아가 이러한 재정조정제도는 국가적 위기와 지역 간 격차 문제 해결에 유효한 정책 도구로 자리 잡고 있다.

정부 간 협력체계

독일 연방제의 또 다른 특징은 정부 간 다양한 협력체계다. 연방 정부와 주 정부는 정례적으로 정책협의회를 개최한다. 주들 간에도 교육부장관회의 등 다양한 협의체를 운영한다. 이 협력체계는 정책 조율과 상호 조정 역할을 한다.

특히 최근에는 기후변화, 에너지 전환, 난민 문제 등 새로운 도전 과제에 대응하기 위해 연방-주 간 협력이 강화되는 추세다. 이는 연방제가 경직된 권한 분립이 아닌 유연한 협력체제로 발전하고 있음을 보여준다.

한국 개헌에 주는 함의

독일 연방제의 권력구조와 운영체계는 한국의 개헌 논의에 중요한 시사점을 제공한다. 첫째, 명확한 권한 배분이다. 연방과 주의 권한이 헌법에 명확히 규정돼 있어 불필요한 갈등을 예방한다. 둘째, 지역 대표성의 제도화다. 연방 상원은 지역의 이익을 연방 정책에 반영하는 효과적인 통로다. 한국도 지역 대표성을 강화할 수 있는 제도적 장치가 필요하다. 셋째, 재정분권의 중요성이다. 독일의 재정조정제도는 지역 간 격차 해소와 균형 발전을 위한 모범적 사례다. 한국도 실질적 재정분권 없이는 지방자치가 불가능하다는 점을 인식해야 한다.

| 부 록 | 독일 국민의 주권자 권리 행사와 사법 영역 통제 |

독일의 민주적 통제 : 유권자 권리와 사법 감독 체계

독일은 다층적 민주주의 체계를 통해 국민의 권리 행사와 사법부의 균형적 통제를 실현하고 있다. 국민은 연방 의회, 주 의회, 유럽 의회 선거를 통해 정치적 의사를 표현하며, 독일의 혼합 비례대표제는 유권자의 투표가 의석 배분에 직접 반영될 수 있게 설계돼 있다. 국민투표는 연방 차원에서는 제한적이나 주 차원에서는 활발히 시행되며, 정당 활동, 청원권, 집회·시위를 통한 정치 참여도 보장된다. 사법 영역에서는 법관과 검찰이 선거로 선출되지 않지만, 연방 헌법재판소 재판관은 연방 의회와 연방 상원이 선출하고, 검찰은 행정부 감독 하에 있다. 입법부의 법률 제정, 행정부의 정책 지침, 사법부의 법원 심사를 통해 검찰은 간접적으로 통제되며, 이는 독립성과 책임성의 균형을 유지하는 장치로 작동한다.

1. 독일 국민의 유권자 권리 행사

1-1. 선거를 통한 의사 표현

독일 국민은 연방 정부, 주 정부, 지방 정부 등 모든 수준에서 선거를 통해 의사

▲ 독일 연방의회.

를 표현한다. 주요 선거는 다음과 같다.

· 연방 의회 선거(Bundestagswahl)

4년마다 시행되며, 국민은 직접 투표로 연방 의회 의원을 선출한다. 독일의 혼합 비례대표제는 유권자가 1표로 지역구 후보를, 2표로 정당명부를 선택해 전체 의석 배분에 영향을 미치는 구조로 설계돼 있다.

· 주 의회 및 지방선거

각 주는 5~6년 주기로 주 의회 선거와 지방선거를 치른다. 주민들은 교육, 치안, 지방행정 등 지역 정책에 대한 권리를 행사한다.

· 유럽 의회 선거(Europawahl)

독일은 EU 회원국으로 5년마다 유럽 의회 의원을 선출한다. 이는 유럽 차원의 정책 결정에 참여할 수 있는 중요한 통로다.

1-2. 국민투표(Volksentscheid)

독일에서 국민투표는 기본법에 따라 제한적으로 시행된다.

· 연방 차원

헌법 개정과 같은 특정 사안에서만 국민투표가 가능하다. 이는 연방 차원의 직접 민주주의가 제한적임을 보여준다.

· 주 차원

일부 주에서는 국민투표를 활발히 시행한다. 예를 들어, 바이에른 주에서는 주요 환경 정책과 같은 사안에 대해 국민투표가 진행된 바 있다.

주별로 국민발안과 국민투표의 제도적 활용 방식이 다를 수 있으므로, 주 단위 법률과 사례를 확인해야 한다.

1-3. 정당 활동 및 시민 참여

독일 국민은 정당 가입과 활동을 통해 정치에 참여한다. 주요 정당으로는 기민당(CDU), 사민당(SPD), 녹색당(Die Grünen), 자민당(FDP), 좌파당(Die Linke) 등이 있다. 정당은 국민의 목소리를 정책으로 반영하는 중요한 통로다.

1-4. 청원 및 집회

국민은 청원권을 발휘해 정부와 의회에 정책 변경을 요구할 수 있다. 연방 의회는 청원위원회를 통해 이를 심사하며, 집회와 시위는 독일 기본법에 의해 보호되는 권리다.

1-5. 교육과 정보 접근

연방 정치교육원(Bundeszentrale fur politische Bildung)은 국민의 정치 의식을 높이고 권리를 행사할 수 있는 다양한 정보를 제공한다. 선거 전에는 정당별 정책 비교 자료를 제공하며, 유권자들은 이를 활용해 informed choice를 한다.

2. 독일 사법 영역의 통제

2-1. 법관과 법원장

법관과 법원장은 선거로 선출하지 않는다. 이는 정치적 중립성과 독립성을 유지하기 위한 조치다.

· **연방 차원**

연방 헌법재판소 재판관은 연방 의회와 연방 상원이 각각 2/3의 찬성으로 선출하며, 임기는 12년이다.
연방 법원의 법관은 연방 법무부가 추천하고, 연방 상원 소속 법관선출위원회가 이를 심의해 임명한다.

▲ 독일 시민의 민주주의 평생학습 기구 역할을 하는 연방정치교육원.

· 주 차원

주 법원의 법관과 법원장은 주 정부의 인사위원회나 법무부가 임명함으로써 독립성과 전문성을 보장받는다.

2-2. 검찰

검찰은 행정부 산하 기관으로, 선출된 권력에 의해 감독받는다.

· 연방검찰총장

연방 검찰총장은 연방 법무부의 관할 아래에 있으며, 법무부 장관이 임명한다. 법무부는 지침권(Weisungsrecht)을 통해 검찰의 활동 방향을 조정할 수 있다.

· **주 차원의 검찰**

주 검찰총장은 주 법무부의 감독을 받는다. 특정 사건에 대한 직접적 지침은 제한적이며, 일반적 정책 지침이 중심이다.

2-3. 검찰의 통제와 감독

검찰은 입법부와 행정부, 사법부에 의해 간접적으로 통제된다.

· **입법부의 간접 통제**

검찰의 권한과 의무는 형사소송법(StPO)과 관련 법률로 규정된다. 입법부는 이를 통해 검찰의 활동 범위를 제한할 수 있다. 예산 통제를 통해 검찰 조직 운영 방향을 조정한다.

· **행정부의 감독**

법무부는 검찰 활동의 정책 방향을 지침으로 제시할 수 있다. 다만, 특정 사건 개입은 제한된다.

· **사법부의 감독**

검찰 수사와 기소는 법원의 심사를 거쳐야 한다. 구속영장, 압수수색 등은 법원의 승인 없이는 불가능하다.

2-4. 독립성과 책임성의 균형

검찰의 독립성과 책임성은 다음과 같은 장치로 조화를 이룬다.

· **지침권 제한**

법무부 지침은 정책적 방향에 국한되며, 검찰의 독립적 판단은 존중된다.

· **공적 투명성**

검찰은 주요 사건 처리 결과와 과정을 국민과 언론에 공개해 책임성을 높인다.

3. 결론

독일 국민은 선거, 국민투표, 정당 활동, 청원 등을 통해 정치 참여를 실현하며 민주주의의 근간을 이루고 있다. 사법 영역에서는 법관과 검찰이 선거로 선출되지 않지만, 입법부와 행정부, 사법부 간 견제와 균형을 통해 독립성과 책임성을 유지하고 있다. 이러한 제도는 독일의 민주주의와 법치주의를 지탱하는 핵심 요소다.

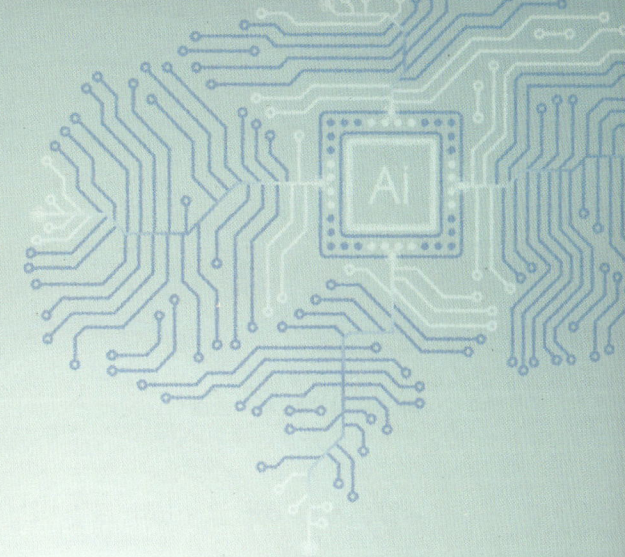

23

독일의 분야별 지방분권 사례

독일의 풀뿌리 자치분권

독일의 지방분권은 교육·문화, 경찰·치안, 에너지, 지역개발 등 거의 모든 분야에서 실현되고 있다. 교육은 철저히 주의 고유권한으로, 16개 주가 각각 독자적 교육제도를 운영하며, 교육부장관회의(KMK)는 최소한의 공통 기준만 조율한다. 베를린 훔볼트대학 등 명문 대학들도 모두 주립 대학이다. 경찰권 역시 주의 권한으로, 연방 경찰은 국경 감시 등 제한된 업무만 수행한다.

에너지 전환 정책에서도 주 정부가 주도적 역할을 하며, 슐레스비히홀슈타인 주는 전력 소비량의 150%를 풍력으로 생산한다. 지역개발과 산업 정책에서도 주는 높은 자율성을 가지며, 주별 특화산업 육성 정책을 펼친다.

독일 16개 주, 교육·치안·산업정책까지 강력한 자치권 행사

독일의 지방분권은 교육·문화, 경찰·치안, 에너지, 지역개발과 산업정책 등 거의 모든 분야에서 실현되고 있다. 각 주(州)는 연방제 아래 강력한 자치권을 행사한다. 이는 지역의 특성과 필요에 맞는 정책 추진을 가능하게 한다.

교육·문화는 철저한 주의 고유 권한

독일에서 교육과 문화는 철저하게 주가 가진 고유 권한이다. 16개 주는 각각 독자적인 교육제도를 운영한다. 교과과정 편성, 교사 임용, 학교 운영 등 교육 전반에 걸친 결정권이 주 정부에 있다.

베를린, 함부르크, 브레멘 등은 초등학교 6년제를, 다른 주들은 4년제를 채택하고 있다. 대학입학자격시험(Abitur 아비투어)도 주마다 다르다. 바이에른 주는 전통적으로 가장 어려운 시험을 치르는 것으로 알려져 있다.

각 주의 교육부 장관들은 '교육부장관회의(KMK)'를 통해 최소한의 공통 기준을 조율한다. 학력 인정과 학생 이동을 위한 것이다. 하지만 이마저도 강제성은 없다.

교육부장관회의(KMK)는 단순한 협의체 이상의 역할을 한다. 예컨대

▲ 독일 베를린 주립 훔볼트대학. 나치 당시 훔볼트 학생회장이 저 유리아래 도서관에 있던 2만5000여 권에 달하는 장서를 나치에 충성하기 위해 모두 불살랐다고 한다.

각 주의 학력 인정 기준을 조율하고, 교사 자격증의 상호 인정 체계를 마련한다. 특히 교육 표준 설정에 중요한 역할을 한다. 2003년부터는 전국 단위 학력 평가를 도입해 주별 교육의 질적 수준을 관리하고 있다. 다만 이는 권고적 성격이 강하며, 최종 결정권은 여전히 각 주에 있다.

대학도 주립대학 중심이다. 연방 정부는 대학 설립과 운영에 직접 관여하지 않는다. 다만 연구 지원이나 장학금 등 제한된 영역에서만 역할을 한다. 베를린 훔볼트대학, 뮌헨대학 등 세계적 명문 대학들도 모두 주립대학이다.

문화정책 역시 주의 권한이다. 박물관, 도서관, 극장 등 문화시설의 설립과 운영을 주 정부가 담당한다. 작센주의 드레스덴 젬퍼오페라하우스, 함부르크의 엘프필하모니 등 세계적 문화시설도 주 정부가 운영한다.

경찰·치안도 주 정부 담당

경찰권도 기본적으로 주의 권한이다. 연방 경찰은 국경 감시, 철도·항공 보안 등 제한된 업무만 수행한다. 일반적인 치안 유지와 범죄 수사는 주 경찰이 담당한다.

바이에른 주 경찰은 약 4만 2000명의 인력을 보유하고 있다. 이는 일부 국가의 전체 경찰 규모와 맞먹는 수준이다. 주 경찰은 독자적인 조직과 예산을 가지며, 인사와 장비 운용도 자율적으로 한다.

연방 수사청(BKA)은 국제범죄나 테러 등 전국적 사안을 다룬다. 하지만 이 경우에도 주 경찰과의 협력이 필수다. BKA가 직접 수사에 나서려면 해당 주의 동의를 받아야 한다.

주 검찰도 독자적인 수사권을 행사한다. 연방 검찰은 국가안보 관련 사건만 다루며, 대부분의 수사와 기소는 주 검찰이 담당한다. 각 주는 검찰 조직과 인사에 자율성을 가진다. 다만 법무부의 일반적 정책 지침은 따라야 한다.

BKA와 주 경찰의 협력은 '공동수사그룹(GER)' 제도를 통해 이뤄진다. 예를 들어, 여러 주에 걸친 조직 범죄나 사이버 범죄의 경우, BKA가 조정자 역할을 하고 관련 주 경찰이 참여하는 방식이다. 최근에는 테러 대응을 위한 정보 공유도 강화하고 있다.

에너지 전환도 주 정부가 주도

독일의 에너지 전환(Energiewende) 정책에서도 지방정부가 핵심 역할을 한다. 재생에너지 확대와 탈원전은 주 정부와 기초자치단체가 이끌고 있다.

슐레스비히홀슈타인 주는 전력 소비량의 150%를 풍력으로 생산한다. 바덴뷔르템베르크 주는 2011년 일본 후쿠시마 원전 사고 이후 녹색당이 집권하면서 재생에너지 전환을 가속화했다.

프라이부르크 시는 '태양의 도시'로 불린다. 1970년대부터 태양광 발전을 추진해 현재는 전력의 상당 부분을 재생에너지로 충당한다. 시민들이 출자한 에너지 협동조합이 발전소를 운영하는 사례도 많다.

지역개발과 산업정책도 주의 자율성 보장

▲ 독일 베를린 시내에서 기후 위기 극복을 촉구하는 시위 모습. 정말 느리게 행진한다.

지역개발과 산업정책도 주 정부의 자율성이 크다. 중소기업 지원, 산업단지 조성, 지역 특화산업 육성 등을 주가 결정한다.

바이에른 주는 뮌헨을 중심으로 자동차·IT 클러스터를 조성했다. BMW, 지멘스 등 대기업과 수많은 중소기업이 집적해 있다. 함부르크는 항만을 중심으로 물류산업을, 작센안할트 주는 화학산업을 특화했다.

주 개발은행은 지역 발전의 중요한 축이다. 예를 들어, 노르트라인베스트팔렌 주 개발은행(NRW.Bank)은 지역 중소기업 지원, 도시개발, 에너지 전환 등에 연간 수백억 유로를 투자한다. 특히 스타트업 육성과 기술혁신 지원에 중점을 둔다.

▲ 독일 베를린 브란덴부르크문에서 필자.

산업클러스터 정책도 주마다 특색이 있다. 노르트라인베스트팔렌 주는 전통적인 루르 공업지대를 첨단산업클러스터로 전환하는 데 성공했다. 에센, 도르트문트 등 옛 탄광 도시들이 IT, 바이오, 신소재 산업의 거점으로 탈바꿈했다. 바덴뷔르템베르크 주는 슈투트가르트와 칼스루에를 잇는 '자동차 밸리'를 조성했다. 포르쉐, 다임러 등 완성차 업체와 수백 개의 부품기업이 집적해 있다.

'히든 챔피언'으로 불리는 강소기업들도 대부분 지역에 뿌리를 두고 있다. 이들은 주 정부의 지원을 받으며 세계 시장에서 활약한다. 독일 산업 경쟁력의 원천이 바로 이런 지역 기반 기업들인 것이다.

분야별 자치권이 주는 시사점

독일의 분야별 지방분권 사례는 한국의 10차 개헌에 중요한 시사점을 던진다. 분야별 자치권의 실제 운영 경험과 성과는 개헌 방향 설정에 귀중한 참고가 될 수 있다.

첫째, 권한 이양의 실효성이다. 독일의 사례는 분야별 자치권이 실제로 작동할 수 있음을 보여준다. 주 정부는 교육, 치안, 에너지, 산업 등 각 분야에서 실질적인 정책 결정과 집행 권한을 행사하고 있다.

둘째, 정책의 다양성과 효율성이다. 지역마다 다른 교육제도, 지역 특성에 맞는 치안 서비스, 지역 주도의 에너지 정책, 지역 특화 산업정책 등은 획일화된 중앙집권체제에서는 불가능한 것들이다.

셋째, 지역 혁신의 가능성이다. 각 지역이 자율적으로 정책을 실험하고 성과를 거두면서 전국적으로 확산되는 사례가 많다. 프라이부르크의 재생에너지 정책이나 바이에른의 산업클러스터가 대표적이다.

넷째, 연방-주 간 협력 모델이다. 분야별 자치권이 국가 전체의 통일성을 해치지 않도록 하는 다양한 조정 메커니즘이 작동하고 있다. 교육부장관회의나 연방-주 경찰 협력이 좋은 예다.

결국 실질적인 지방분권은 각 분야에서 구체적으로 실현될 때 의미가 있다. 한국의 10차 개헌은 이러한 분야별 자치권을 헌법에 명확히 규정하고, 실제 운영될 수 있는 제도적 기반을 마련해야 할 것이다.

24

한국의 10차 개헌에 주는 시사점

독일의 연방제와 한국의 10차 개헌

1987년 9차 개헌 이후 37년이 지난 한국은 수도권 과밀화, 지방 소멸, 기후위기, AI 시대 도래 등 새로운 도전에 직면해 있다. 독일의 분권형 권력구조는 이원집정부제도의 개편에 중요한 시사점을 제공한다. 독일의 대통령-총리 분업 모델과 결선투표제는 정치적 대립을 완화하고 안정적 국정 운영의 모델이 될 수 있다. 한국도 지방분권 강화를 위해 현 17개 광역시도를 13개 광역 주정부로 개편하는 방안이 있으며, 세종시 행정수도 완전 이전도 중요 과제다. 독일이 수도를 본에서 베를린으로 이전하면서도 연방 헌법재판소를 카를스루에에 둔 사례처럼 권한 분권과 권력 분산이 필요하다. AI 시대 대비한 디지털 기본권과 기후위기 대응을 위한 환경권 강화도 필수다.

인구 소멸과 지역 불균형 해결 위한 개헌 시급

1987년 9차 개헌 이후 37년이 지난 지금, 대한민국은 심각한 도전에 직면해 있다. 수도권 과밀화와 지방 소멸, 양극화 심화, 기후위기, AI 시대 도래 등 새로운 문제들이 산적해 있다. 특히 20세기 산업화 시대의 중앙집권적 국가 운영 체제로는 더 이상 대응이 어려운 상황이다.

독일의 분권형 권력구조와 선거제도, 4차 산업혁명 시대 대응 등은 한국 10차 개헌에 중요한 시사점을 제공한다. 우원식 국회의장은 "2026년 지방선거 때 개헌 국민투표를 실시하자"고 제안했다. 이제 구체적인 개헌 방안을 모색할 때다.

이원집정부제와 결선투표제로 권력 분산

독일의 분권형 권력구조는 한국의 대통령제 개편에 좋은 참고가 된다. 독일은 대통령이 국가원수로서 상징적 권한을 갖고, 총리가 실질적 행정권을 행사한다. 연방 대통령은 정파적 이해관계에서 벗어나 국민통합의 역할을 수행한다.

현 독일 슈타인마이어 대통령은 예전 사민당 소속이었지만, 초당적 입장에서 국정 현안에 대해 발언하며 정치적 중립성을 지키고 있다. 그는 최근 우크라이나 사태와 관련해 러시아를 비판하면서도, 대화 창구는 열어둬야 한다고 강조했다. 이는 대통령이 정쟁을 넘어 국익을 대변할 수 있음을 보여준다.

선거제도도 주목할 만하다. 독일은 총리 선출에서 연방 하원 과반수를 얻지 못하면 결선투표를 실시한다. 슐츠 총리도 2021년 처음에는 과반수를 얻지 못했지만, 결선투표를 통해 연정 구성에 성공했다. 이런 제도는 극단적 대결구도를 막고 정치적 타협을 이끌어낸다.

5+3 광역경제권 중심 13개 광역 주 정부 개편

현행 17개 광역시도 체제를 13개 광역 주 정부로 개편하는 구상이 제기되고 있다. '5+3 광역경제권'을 토대로 한 이 방안은 수도권 집중화와 지방 소멸을 막기 위한 강력한 지방분권의 토대가 될 수 있다.

먼저 수도권은 '경인 메가시티' 구상을 중심으로 재편된다. 인천과 부천, 김포, 시흥을 묶어 인구 480만명 규모의 광역단체로, 경기 남부는 안산, 수원, 화성, 오산, 평택 등을 묶어 인구 360만명 규모의 광역단체로 개편한다. 나머지는 경기남도로 재편한다. 이미 1400만명을 돌파한 경기도의 인구 과밀 문제를 해소하고 균형 발전을 도모하는 방안이다.

비수도권은 부산·울산·경남(1000만명), 대구·경북(550만명), 광주·전남(500만명) 등 초광역 경제권을 형성한다. 이를 토대로 행정·재정·입법권을 갖춘 새로운 광역 단위 주 정부를 구성하고, 연방 정부와 주 정

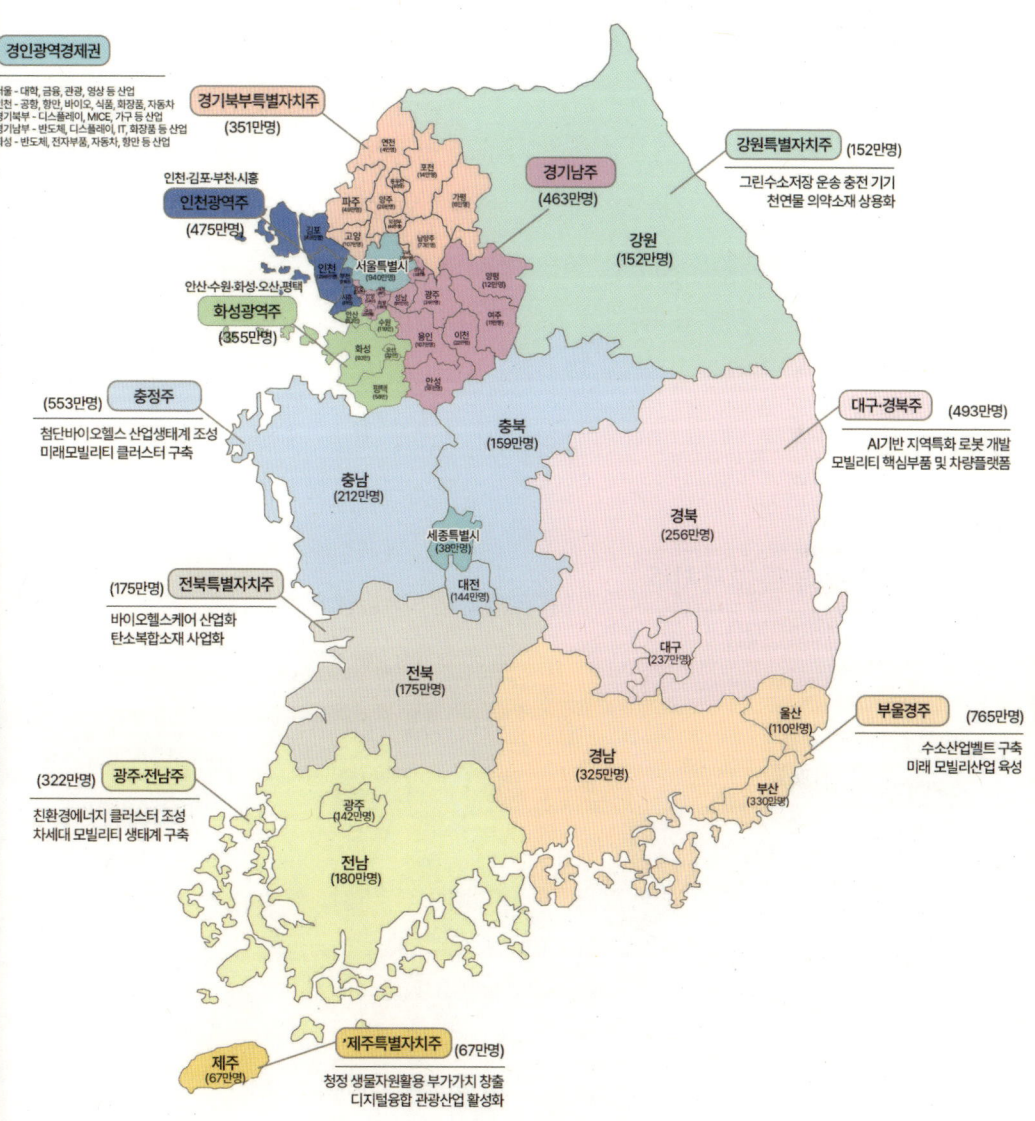

▲ 5+3 초광역경제권.

부 간 권한과 책임을 재분배한다.

세종시 행정수도 이전 로드맵

행정수도의 세종시 완전 이전은 국가 균형 발전의 핵심과제다. 이전 대상은 국회, 대통령 집무실, 대법원, 헌법재판소, 중앙선거관리위원회, 감사원, 국무총리실을 비롯한 모든 행정부처. 이는 단순한 물리적 이전을 넘어 국가 운영 패러다임의 전환을 의미한다.

▼ 경인광역경제권.

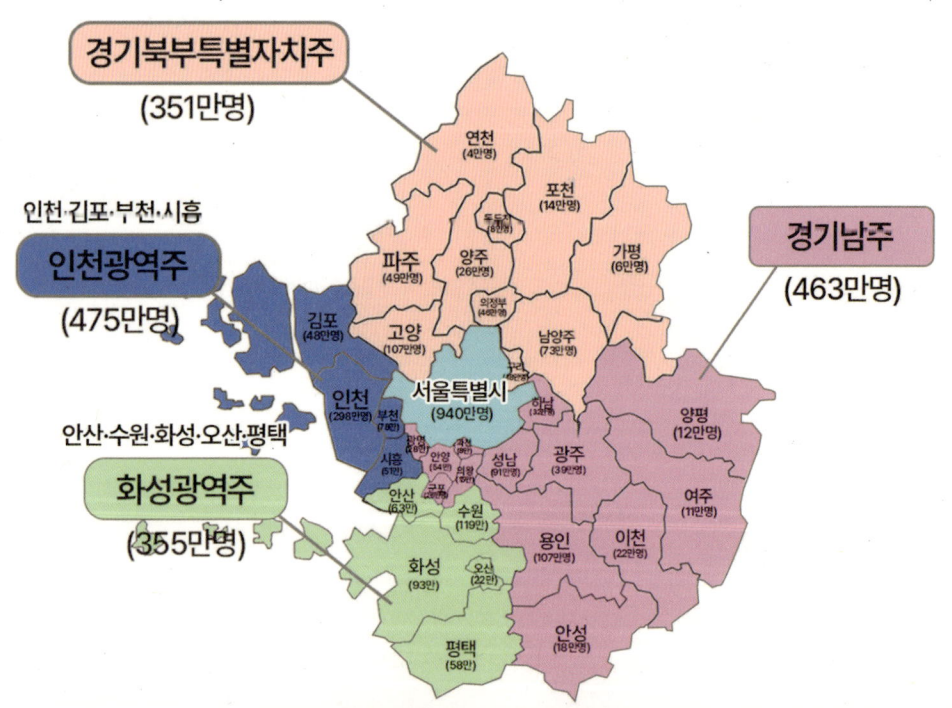

독일은 1991년 통일 후 수도를 본에서 베를린으로 이전했다. 20년에 걸친 단계적 이전으로 큰 혼란 없이 성공했다. 주목할 점은 연방 헌법재판소를 카를스루에에 둔 것이다. 이는 권력 분산 효과를 높이고 사법부 독립성을 강화했다. 연방 은행도 프랑크푸르트에 있다.

행정수도 이전은 수도권의 과밀화로 인한 주택난, 교통 혼잡, 환경오염 등의 문제를 완화하는 데도 도움이 된다. 정부 부처와 공공기관의 이전은 직접적인 일자리 창출뿐 아니라, 관련 산업의 지방 이전을 유도해 지역 경제를 활성화할 것이다.

AI 시대 대비한 새로운 기본권 신설

4차 산업혁명과 AI 시대를 대비한 새로운 기본권 규정이 필요하다. AI 개발과 사용의 기본 원칙, 관련 새 권리 규정, 노동환경 변화 대응, AI 윤리와 책임 명시 등을 담아야 한다.

독일은 2021년 '디지털 기본권'을 연방 정부 정책에 반영했다. AI 알고리즘의 투명성, 데이터 주권, 디지털 교육권 등을 포함한다. 특히 함부르크 주는 2019년 'AI 옴부즈만' 제도를 도입했다. 공공기관의 AI 사용을 감시하고 시민의 권리를 보호한다.

또한 기후변화 대응과 생태계 보호 의무 강화도 새 헌법에 반영돼야 할 시대적 과제다. 탄소중립 실현을 위한 국가와 국민의 의무, 미래세대의 환경권 보장 등을 명시적으로 규정할 필요가 있다.

시민참여형 개헌 추진해야

개헌 과정에서 가장 중요한 것은 국민의 의견 수렴이다. 우원식 국회의장이 제안한 '헌법개정특별위원회' 구성과 '국회의장 직속 개헌자문위원회' 발족은 이런 맥락에서 환영할 만하다. 다만, 이러한 기구들이 형식적인 논의에 그치지 않도록 실질적인 권한과 책임을 부여해야 한다.

여야는 물론 시민사회단체, 전문가 집단은 국민의 의견을 폭넓게 수렴할 수 있는 공론장 형성에 기여해야 한다. 이를 통해 2026년 지방선거 때 국민투표가 가능하도록 개헌 논의를 구체화해야 한다.

개헌은 미래세대를 위한 약속이다. 정파적 이해관계를 떠나 대한민국의 미래를 담아야 한다. 지방분권 강화로 지역의 활력을 되살리고, 권력구조 개편으로 안정적이고 효율적인 국정 운영의 틀을 마련해야 한다. 행정수도 이전과 지방분권 10차 개헌은 이제 정치권의 선택이 아닌 시대적 요구이자, 대한민국의 미래를 위한 필수 과제다.

개헌 과제의 구체적 실천방안

▲ 대한민국 국회.

첫째, 이원집정부제와 결선투표제는 대통령과 총리의 권한 배분을 명확히 하고 절차적 정당성을 확보해야 한다. 대통령은 외교·국방·통일 분야를, 총리는 내정과 경제를 담당하는 방식이 적절해 보인다. 결선투표제는 대통령과 총리 선출 모두에 적용해 정치적 대표성을 높여야 한다.

둘째, 13개 광역 주 정부 개편은 역사문화권과 경제권을 동시에 고려해야 한다. 수도권은 '경인 메가시티' 구상을 중심으로 3개 권역으로 나누고, 비수도권은 부산울산경남, 대구경북, 광주전남 등 초광역 경제권을 중심으로 재편해야 한다. 이 과정에서 지방의 자치입법권과 자치재정권도 대폭 확대해야 한다.

셋째, 세종시 행정수도 이전은 15년 정도의 장기 로드맵이 필요하다. 정부부처와 공공기관은 이미 상당수가 이전했으나, 앞으로 국회와 대통령 집무실, 사법부 등 핵심 기관의 이전이 남아있다. 이들 기관의 이전 순서와 시기를 명확히 하고, 도시 인프라도 단계적으로 확충해야 한다.

넷째, 기본권 신설은 AI 시대와 기후위기에 대응하는 새로운 권리와 의무를 포괄해야 한다. 알고리즘 투명성과 설명요구권, 데이터 자기결정권 등 디지털 기본권과 함께, 탄소중립과 환경보호를 위한 국가와 국민의 의무도 구체적으로 규정해야 한다.

2026년까지 남은 시간이 많지 않다. 개헌은 정쟁의 대상이 아닌 미래를 위한 약속이어야 한다. 독일의 사례가 보여주듯, 분권과 균형의 가치를 담은 개헌은 국가 발전의 새로운 동력이 될 수 있다.

8장

AI 시대 지역 언론과 민주주의

AI가 뉴스 생산과 유통을 변화시키며 지역 언론의 위기가 커졌다. AI는 맞춤형 뉴스 제공, 속보 작성, 데이터 분석까지 수행하며 언론 지형을 바꾸고 있다.

AI 뉴스 확산으로 가짜 뉴스와 정보 왜곡 문제도 심각해졌다. AI 알고리즘의 편향성과 딥페이크 기술이 선거 조작과 민주주의 위협으로 나타나고 있다.

AI는 기자를 대체하는 것이 아니라 협업 도구가 돼야 한다. AI가 단순 업무를 처리하는 동안 기자들은 탐사보도와 심층 분석에 집중할 수 있다. AI 시대 지역언론은 신뢰할 수 있는 정보를 제공하며 시민권을 보호해야 한다.

AI 대전환기
지역 언론의 생존 전략

AI가 지역 언론 혁신 이끌 것

AI(인공지능)가 미디어 산업과 콘텐츠 산업을 혁신하면서 지역 언론도 변화가 불가피해졌다. 종이신문 구독률 감소와 포털·소셜미디어(SNS) 기반 뉴스 소비 증가로 전통적 뉴스 유통 방식이 한계를 맞았다. 광고 시장도 포털과 글로벌 플랫폼이 독점하면서 지역 언론의 수익 구조가 악화됐다.

인천투데이는 초기단계이긴 하지만 2023년부터 AI를 활용한 뉴스 제작 시스템을 도입해 기자들의 업무 효율을 높이고 맞춤형 뉴스 서비스를 강화하고 있다. AI 기자 '인투아이(INTO-AI)'는 속보와 데이터 분석 기사를 자동 생성하고, 기사를 방송 뉴스로 전환하는 역할도 한다.

또한, 독자 관심사를 분석해 맞춤형 뉴스를 제공하고, AI 활용 윤리와 부도쥬칙을 마련해 정보의 신뢰성을 확보하기 위해 노력하고 있다. AI 시대에 지역 언론이 생존하려면 기술을 적극 활용하면서도 윤리적 저널리즘을 실천해야 한다.

전통 뉴스 유통 급변… 포털·SNS·유튜브가 주도
지역 언론 구독자·광고 수익 급감… AI 대안 부각
인천투데이, AI 기자 도입해 지역 언론 활로 모색

▲ 인천투데이 AI 기자 인투아이(INTO-AI) 기자 이미지.

인공지능(AI)이 언론산업을 혁신하고 있다. 디지털 기술 발전과 생성형 AI 등장으로 언론 환경이 급변하면서 지역 언론도 새로운 생존 전략이 필요한 시점이다. 디지털 혁명은 뉴스 소비 방식을 근본적으로 바꿨다. 전통적인 신문과 방송 중심의 뉴스 전달 방식은 이미 무너졌다. 유튜브, SNS, 포털사이트가 주요 뉴스 플랫폼이 됐다. 이런 변화 속에서 지역 언론은 어려움을 겪고 있다.

인천투데이는 AI를 활용한 뉴스 제작 시스템을 도입하고 독자 맞춤형 뉴스 서비스를 강화하며 지역 저널리즘의 새 가능성을 실험하고 있다.

디지털 혁명이 바꾼 뉴스 시장

한국언론진흥재단이 2025년 발표한 2024년 언론 수용자 조사 결과

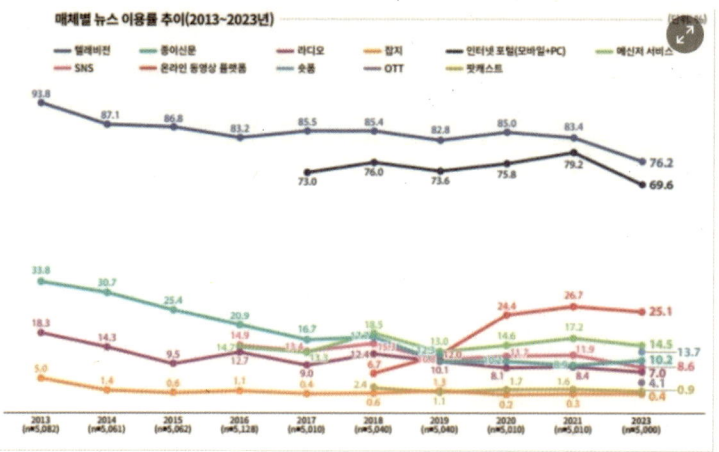

▲ 한국언론진흥재단이 2024년 1월 발표한 2023년 언론수용자 조사 보고서 내 매체별 뉴스 이용율 추이(사진 한국언론진흥재단). 매체별 뉴스 이용률은 △TV 76.2%(7.2% 포인트 하락) △포털 69.6%(9.6%포인트 하락) △온라인 동영상 서비스 25.1%(1.6%포인트 하락) △SNS 8.6%(3.8%포인트 하락) △종이신문 10.2%(1.3%포인트 상승)이다. 포털 뉴스 이용률이 70% 밑으로 하락한 건 한국언론진흥재단이 2017년 해당 조사를 시작한 이후 처음이다.

는 2024년 발표 결과보다 더욱 심각한 미디어 환경 변화를 보여준다.

종이신문은 구독률이 계속 감소세를 보이는 가운데, 2024년 조사에서 특히 주목할 점은 온라인 동영상 플랫폼 뉴스 이용마저 급감했다는 사실이다. 전년 대비 전체 이용률은 6.7%포인트 하락한 18.4%에 그쳤으며, 특히 20대는 9.4%포인트, 30대는 10.5%포인트 감소했다.

동영상 플랫폼도 뉴스 창구 한계 드러나

이는 과거 젊은 세대의 뉴스 소비 창구로 부상했던 유튜브 등 온라인 동영상 플랫폼이 더 이상 뉴스 소비의 대안이 되지 못함을 의미한다. 젊은 세대가 디지털 환경에서도 뉴스를 외면하는 현상은 미디어 생태계 전반에 심각한 위기 신호로 해석된다.

특히 온라인 동영상 플랫폼 자체의 이용률이 전년 72.2%에서 69.0%로 3.2%포인트 하락해 이용자가 최초로 감소한 것도 주목해야 할 변화다.

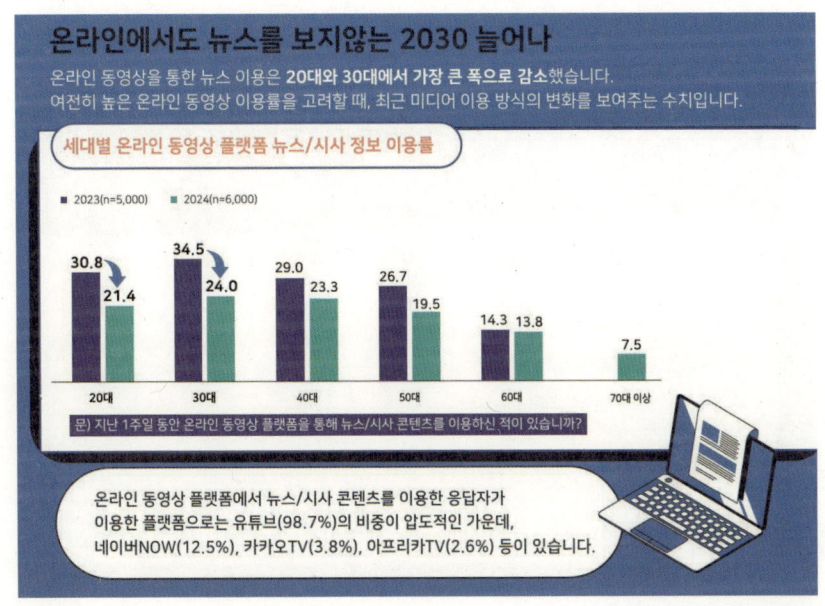

▲ 한국언론진흥재단이 발표한 2024년 언론 수용자 조사보고서 내용(2025년 2월, 한국언론진흥재단).

2024년 조사에서는 TV 뉴스와 인터넷 뉴스 이용률이 동률(72.2%)을 기록해 TV의 독보적 지위가 완전히 사라졌다. 이는 TV 뉴스 이용률이 전년 대비 4.0%포인트 하락한 결과로, 그동안 뉴스 소비의 중심 매체였던 TV의 영향력 약화를 명확히 보여준다.

포털 뉴스 이용률도 67.7%로 70% 아래로 더 하락했으며, 20대(78.9%, -3.0%포인트)와 30대(84.3%, -3.7%포인트)에서 하락세가 두드러졌다.

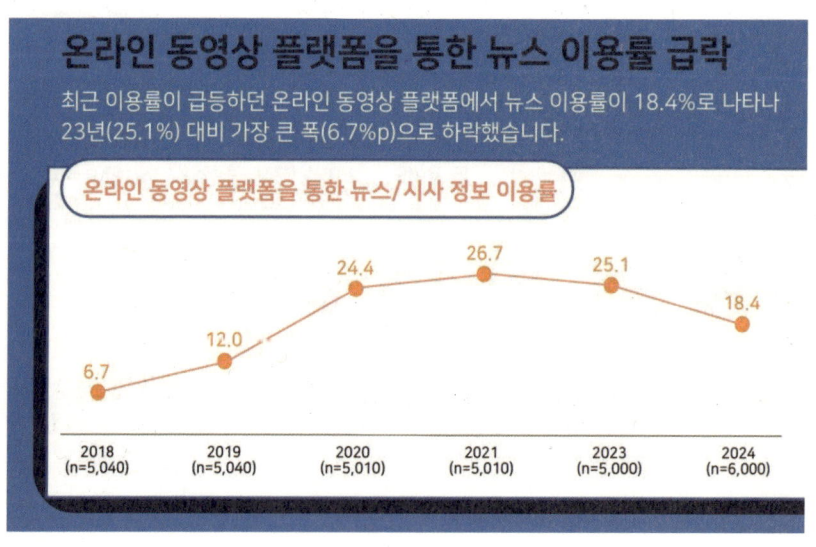

▲ 한국언론진흥재단이 발표한 2024년 언론 수용자 조사보고서 내용(2025년 2월 발표, 한국언론진흥재단).

미디어 이용 늘어도 뉴스 소비는 감소

미디어 이용 패턴에서도 주목할 만한 변화가 관찰됐다. 소셜미디어인 SNS(45.4%, +6.6%포인트), 메신저 서비스(91.0%, +4.5%포인트), 숏폼(42.2%, +4.4%포인트) 등 인터넷 기반 매체는 이용률이 증가했다. 하지만 이들 매체에서 뉴스 소비는 오히려 감소했다.

특히 숏폼 이용률은 증가했으나 뉴스 이용률은 13.7%에서 11.1%로 2.6%포인트 하락해, 단순히 플랫폼 변화를 넘어 뉴스 자체에 대한 관심

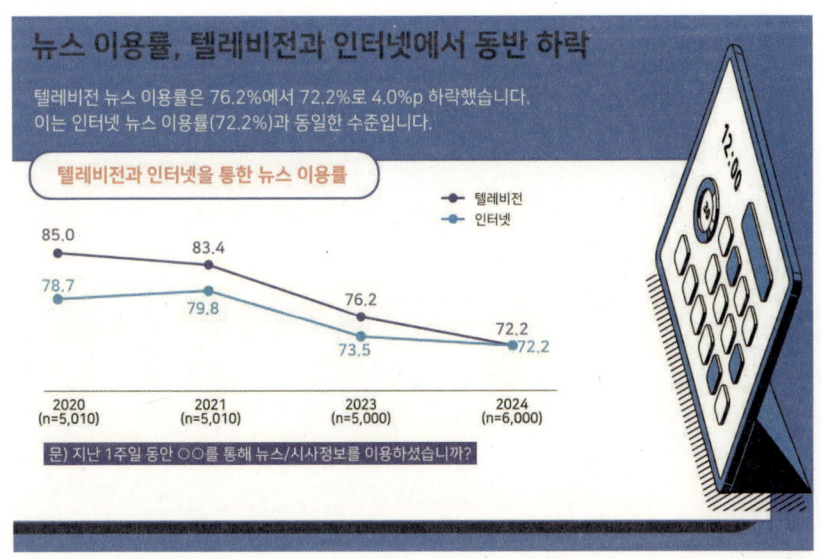

▲ 한국언론진흥재단이 발표한 2024년 언론 수용자 조사보고서 내용(2025년 2월. 한국언론진흥재단).

이 하락하고 있음을 보여준다.

세대 간 미디어 이용 격차도 흥미로운 양상을 보였다. 올해 조사는 기존의 '60대 이상' 연령대를 '60대'와 '70대 이상'으로 세분화했는데, 60대는 인터넷 포털(74.9%), 온라인 동영상 플랫폼(58.5%), 메신저 서비스(91.5%) 등을 20~50대와 비슷한 수준으로 이용했다.

반면 70대 이상은 이 매체들 이용률이 절반 수준에 그쳤다. 그러나 전통 매체 이용에서는 두 연령대 차이가 미미했으며, 특히 TV 뉴스 이용률은 60대(88.1%)와 70대 이상(85.3%) 모두 평균(72.2%)을 크게 웃돌았다.

언론의 근본적 혁신이 필요한 시점

이러한 추세는 전통적 뉴스 유통 방식뿐 아니라 디지털 전환으로도 해결되지 않는 더 근본적인 위기에 언론이 직면했음을 의미한다. 언론사들은 단순한 플랫폼 전환을 넘어 뉴스 콘텐츠의 가치와 역할에 대한 근본적인 재검토와 혁신이 필요한 시점에 도달했다.

전통 매체와 온라인 매체 모두에서 뉴스 소비가 감소하는 현상은 언론의 존재 가치와 지속가능성에 대한 심각한 도전을 제기하고 있다.

위기에 처한 지역 언론

과거 지역신문은 광고와 구독료를 주요 수익원으로 삼았다. 하지만 디지털화가 진행되면서 광고 시장은 네이버, 카카오 등 대형 포털이 독점했다. 유튜브와 인스타그램 등 영상 기반 플랫폼이 성장하면서 젊은 층의 뉴스 소비 방식도 바뀌었다.

한국언론진흥재단 보고서(2024)는 충격적인 현실을 드러냈다. 지역 언론 구독자가 5년간 40% 넘게 줄었다. 전체 광고 수익의 70% 이상이 포털과 글로벌 플랫폼에 쏠렸다. 언론사 홈페이지 직접 방문률은 10% 미만으로 떨어졌다.

인천투데이의 AI 활용 사례

인천투데이는 AI를 단순한 자동화 도구가 아닌 기자들의 업무를 보조하고 뉴스 경쟁력을 높이는 핵심 도구로 활용하고 있다.

인공지능 등 기술의 발달이 삶의 여유로 이어져야 한다. 기자의 노동 강도를 줄이고, 기자가 창의적 업무에 집중할 수 있게 하는 것이 AI 활용의 핵심 목적이어야 한다.

인천투데이가 2023년 11월 도입한 AI 기자 '인투아이(INTO-AI)'는 단순 속보와 데이터 분석 기사를 자동으로 생성한다. 대신 기자들은 취

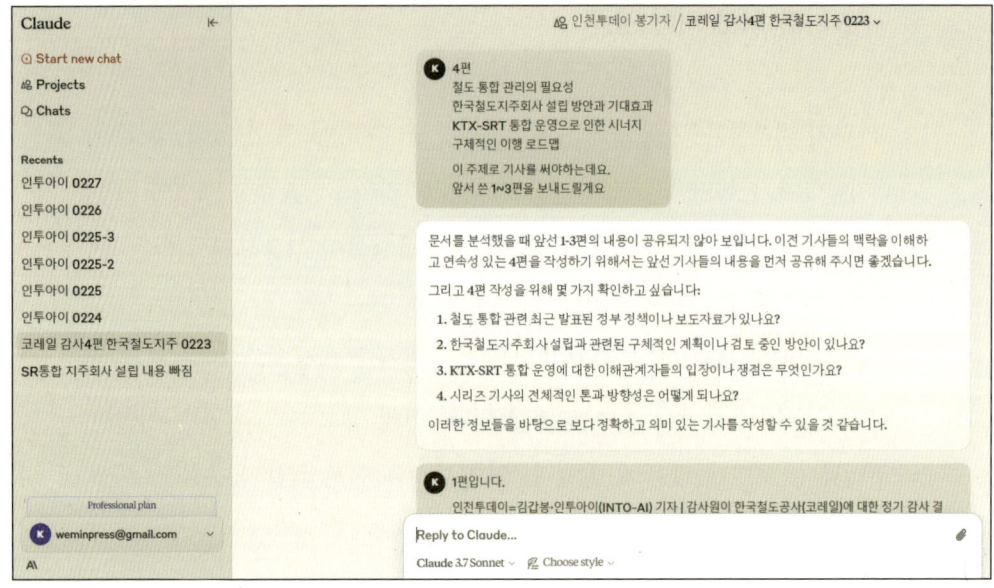

▲ 인천투데이가 클라우드 기반 AI 서비스 클로드를 활용해 기사를 작성하는 모습.

재와 심층 보도에 집중할 수 있다.

그럼에도 불구하고 여전히 기자의 정보는 발에서 나온다. 발로 뛰되 같은 정보를 가지고 효율적으로 일하자는 취지로 인공지능을 활용할 수 있다. AI가 단순 반복 작업을 처리하는 동안 기사들은 심층 취재와 AI를 활용한 데이터 분석에 집중할 수 있다.

인천투데이는 '인투아이 방송 뉴스 전환 시스템'도 가동했다. 기존 기사를 방송 뉴스 형식으로 바꿔 영상 콘텐츠로 제작한다. 기사를 음성 기반 뉴스로 전환해 유튜브 등 다양한 채널에서 활용한다.

이런 AI 활용은 기자들의 업무 효율을 높이고 뉴스 생산 속도를 올렸다. 다양한 포맷의 뉴스 제공이 가능해졌고, 시간과 비용을 줄이면서도 뉴스의 양적 생산력을 키웠다.

독자 중심의 맞춤형 뉴스

AI는 독자의 뉴스 소비 패턴을 분석해 맞춤형 콘텐츠를 추천한다. 인천투데이는 AI 기반 데이터 분석으로 지역 주민의 관심사를 선별하고 뉴스 기획에 반영한다.

지역 교통 문제, 부동산 이슈, 정치·경제 변화 등 주민이 궁금해하는 정보를 AI가 자동 분석해 추천 기사를 만든다. 독자들이 자주 검색하는 키워드로 관련 뉴스를 제공해 참여도를 높인다.

맞춤형 뉴스 제공은 독자와의 관계를 강화하는 데 중요한 역할을 한다. 단순한 뉴스 제공을 넘어 독자들이 원하는 정보를 빠르게 제공하는 것이 AI 시대 지역 언론의 핵심 과제다.

AI 윤리 문제 해결이 과제

AI가 뉴스를 만들어도 기자의 검토는 필수다. 잘못된 정보가 퍼지지 않도록 철저한 검증이 필요하다. 인천투데이는 AI 윤리 가이드라인을 마련하고 AI와 인간 기자가 협력하는 새로운 저널리즘 모델을 구축하고 있다.

AI가 편향된 정보를 제공하지 않도록 지속적인 검토와 업데이트가 필요하다. AI가 특정 주제나 정치적 이슈에서 균형 잡힌 시각을 유지하는 것이 중요하다.

AI가 지역사회에 미칠 영향도 고려해야 한다. AI 기술이 지역 주민에게 정확한 정보를 제공하도록 지속적인 모니터링이 필요하며 윤리적 문제를 해결하기 위한 가이드라인도 마련해야 한다.

AI와 기자의 새로운 공존

AI 시대, 지역 언론은 도전과 기회의 갈림길에 서 있다. 인천투데이는 AI를 활용한 뉴스 제작 시스템을 도입하고 독자 맞춤형 뉴스 서비스를 강화하며 새로운 저널리즘 모델을 구축하고 있다.

AI 기술이 발전할수록 지역 언론은 더욱 정교한 전략을 세워야 하니 윤리적 저널리즘을 실천하는 것이 무엇보다 중요하다. AI와 인간 기자가 공존하는 미래, 지역 언론이 나아갈 방향이 여기에 있다.

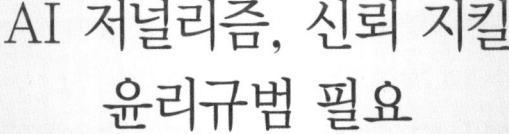

26

AI 저널리즘, 신뢰 지킬 윤리규범 필요

AI 시대 저널리즘의 변화

AI가 저널리즘을 바꾸고 있다. 기사 작성부터 데이터 분석, 팩트체크까지 AI의 기능이 확장되면서 뉴스 생산 방식이 급변했다. 하지만 AI가 신뢰받는 도구가 되려면 윤리 규범과 보도 준칙이 필요하다.

해외 언론은 AI를 데이터 분석과 맞춤형 뉴스 제공에 활용하고 있다. 벨기에 EU옵저버(EUobserver)는 AI가 데이터를 분석하는 동안 기자들이 탐사보도에 집중할 수 있게 했다. 캐나다 더글로브앤드메일은 독자 데이터를 분석해 맞춤형 뉴스를 제공한다.

그러나 AI가 특정 관점에 치우치거나 허위 정보를 생성하지 않게 검토와 보완이 필요하다. 인천투데이는 2024년 9월 AI 활용 윤리와 보도준칙을 제정해 신뢰성을 강화했다. AI와 기자가 협력하는 모델이 지역 언론의 미래다.

해외 언론 AI 도입 시행착오 보완 필요
AI 뉴스 제작 투명성·공정성 확보가 신뢰 전제조건
국내 첫 인천투데이 'AI 윤리강령·보도준칙' 제정

칠레 BioBioChile는 AI 기자 '로빈'을 통해 월 1000건 이상의 기사를 자동 생성했지만, 기사의 질적 한계를 인식해 현재는 취재 자료 요약, 음성 변환, 번역 보조 도구로 활용하고 있다.

벨기에 EUobserver는 AI 기반 데이터 분석과 뉴스 요약 기능을 강화해 기자들이 탐사보도와 심층 취재에 집중할 수 있도록 역할을 재편

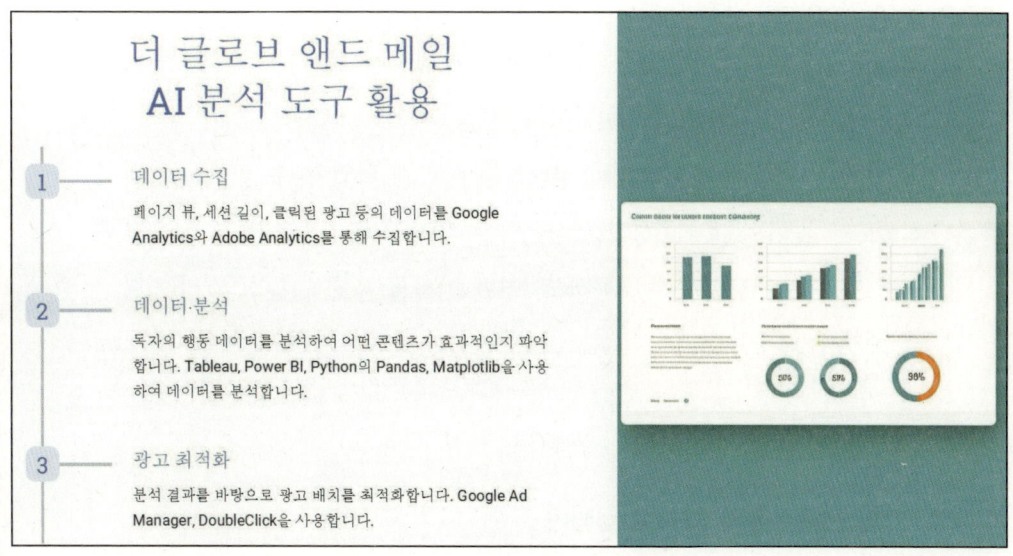

▲ 캐나다 더글로브앤드메일의 AI 활용 전략(인천투데이 김갑봉).

했다. 방대한 데이터를 AI가 분석하는 동안 기자들은 해석과 검증에 주력한다.

캐나다 더글로브앤드메일은 AI 분석 도구로 독자 데이터를 심층 분석해 맞춤형 콘텐츠를 제공하고 광고를 최적화했다. 독자의 관심사와 뉴스 소비 패턴을 분석해 개인화된 뉴스 서비스를 운영 중이다.

뉴스 트렌드 분석과 팩트체킹 자동화

AI는 방대한 데이터를 실시간 분석해 독자가 관심을 가지는 뉴스 주제를 자동으로 선별한다. 소셜미디어 반응과 검색 데이터를 분석해 시의성 있는 뉴스 기획을 지원하며, 팩트체킹 자동화를 통해 뉴스의 진위 여부를 검증하는 역할도 수행한다.

특히 수치나 통계 데이터의 정확성을 빠르게 확인할 수 있어 뉴스의 신뢰도를 높이는 데 기여하고 있다. AI는 기사 요약 기능을 통해 독자가 원하는 정보를 신속하게 제공하고, 연관 기사를 추천해 뉴스 소비 경험을 개선한다.

AI 저널리즘의 윤리적 딜레마

AI가 잘못된 데이터를 학습하면 허위 정보가 뉴스로 보도될 위험이 있다. 또한 AI는 인간의 감각을 반영하지 못해 뉴스의 맥락을 잘못 해석할 가능성이 크다.

AI 알고리즘은 기존 데이터에 의존하기 때문에 특정 정치적 관점이나 사회적 편견을 반영할 수 있다. AI가 어떤 데이터를 바탕으로 기사를 작성했는지 투명하게 공개하지 않으면 독자들이 뉴스를 신뢰하기 어렵다.

특히 AI는 기사 작성 과정에서 사회적 약자나 소수자의 관점을 배제할 가능성이 있다. 데이터에 기반한 기계적 판단이 사회적 다양성과 포용성을 저해할 수 있어 윤리적 가이드라인 마련이 필수적이다.

알고리즘 투명성과 공정성 확보

AI 알고리즘의 투명성은 뉴스 신뢰도와 직결된다. AI가 어떤 데이터를 기반으로 기사를 작성했는지, 어떤 논리를 통해 결론을 도출했는지 명확히 공개해야 한다.

알고리즘의 편향성을 지속적으로 모니터링하고 보완하는 시스템이 필요하다. AI가 특정 관점에 치우치지 않도록 다양한 데이터를 학습시키고, 결과물을 검증하는 체계를 마련해야 한다.

또한, 소수 집단의 목소리가 배제되지 않도록 다양한 이해관계자의 시각을 반영해야 하며, AI 활용 시 개인정보 보호와 보안에도 만전을 기해야 한다.

지역성과 신뢰도 위해 AI 윤리 기준 필요

AI 기술이 뉴스 생산과 유통 방식을 변화시키면서, 지역 언론도 AI를 활용한 뉴스 자동화를 도입하는 사례가 늘고 있다. 그러나 AI가 지역 특수성을 반영하지 못하거나 오류를 발생시키는 문제가 잇따르면서, 지역 언론을 위한 별도의 AI 윤리 기준 마련이 시급하다는 지적이 나온다.

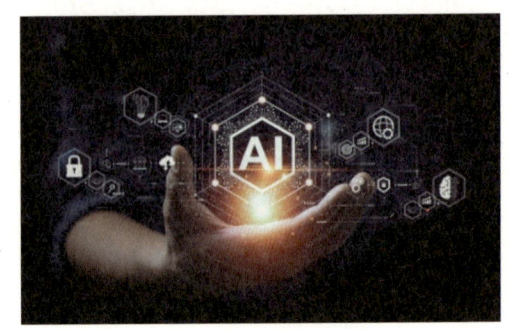

▲ 인간과 AI의 협업이미지(출처 픽사베이).

AI가 지역 뉴스를 생성할 때 해당 지역의 사회적·문화적 맥락을 충분히 반영해야 한다. 하지만 현재 AI 알고리즘은 대형 언론사의 데이터 중심으로 학습돼 지역 뉴스의 특성을 제대로 담아내지 못하는 경우가 많다.

지역 뉴스는 주민의 실생활과 직결되기 때문에, AI가 뉴스 자동 생성 과정에서 잘못된 정보를 제공하거나 편향성을 보일 경우, 지역 사회에 직접적인 피해를 초래할 수 있다.

이 때문에 지역 언론이 AI를 도입하더라도, 윤리 규범과 기준을 마련하고 뉴스 검증 시스템을 갖춰야 한다. 또한, AI가 추천하는 뉴스가 클릭 수 위주로 작동하지 않게 공공성과 책임성을 담보할 수 있는 규범이 필요하다.

AI 데이터로 훈련된 모델의 한계

2024년 영국 옥스퍼드대학교의 연구에 따르면, AI가 생성한 데이터로 다시 AI 모델을 훈련하는 방식이 효율적이지 않으며, 이러한 방법은 모델

▲ OpenAI의 클라우드 기반 인공지능서비스 챗지피티4o를 활용한 인천투데이 인공지능 기자 모습 (인천투데이 김갑봉).

의 품질 저하와 오류를 초래할 수 있다는 경고가 제시됐다. 이는 AI 시스템의 학습 데이터 선택과 검증이 얼마나 중요한지를 보여주는 사례다.

또한, 2023년 미국 기술 전문 매체 CNET은 AI가 자동 생성한 기사에서 수많은 오류가 포함된 사실이 밝혀져 논란이 됐다. 특히, 금융·경제 기사에서 잘못된 수치를 인용하거나, 허위 정보를 포함한 뉴스가 자동으로 생성돼 AI 뉴스의 신뢰도 문제가 대두됐다.

이뿐만이 아니다. 2016년 마이크로소프트(MS)가 개발한 AI 챗봇 '테이(Tay)'는 트위터에서 사용자의 피드백을 학습하면서 인종차별·혐오 발언을 그대로 반영하는 문제를 일으켰다. AI의 학습 데이터가 윤리적으로 검증되지 않으면, 잘못된 정보와 편향성이 그대로 반영될 위험이 있다는 점을 보여준 사례다.

이처럼 AI 기반 뉴스가 철저한 검증 없이 자동으로 생산될 경우, 지역 사회에서 신뢰를 잃고 오보의 위험성이 커질 수 있다.

데이터 보호와 AI 검증 시스템 필수

AI를 활용한 뉴스 자동화가 지역 언론의 미래가 될 수 있지만, 기술의 효율성만 강조하는 것은 위험하다. 지역 언론이 AI를 도입할 경우 철저한 데이터 보호 조치와 함께 검증 시스템을 마련해야 한다.

특히, AI가 뉴스 콘텐츠를 생성하는 과정에서 개인정보 보호가 제대로 이뤄지지 않으면, 지역 주민들의 신상정보나 민감한 데이터를 무단으로 활용할 가능성이 있다.

AI가 자동 생성한 뉴스라도 기자가 반드시 검토하는 절차를 거쳐야 한다. AI 기술이 발전할수록, 지역 언론의 공공성과 신뢰성을 유지하기 위한 AI 윤리 기준 마련이 더욱 중요해지고 있다.

인천투데이, AI 윤리와 보도준칙 제정

인천투데이는 AI 기술을 활용하면서도 저널리즘의 공익성과 신뢰성을

유지하기 위해 2024년 9월 'AI 활용 윤리와 보도준칙'을 제정했다. 보도준칙은 이 책 맨 마지막에 있다.

윤리준칙은 총 12개 조항으로 구성됐다. AI는 기자나 PD를 대체하는 것이 아닌 보조하고 확장하는 도구로 활용해야 하며, AI 생성물은 반드시 기자의 검토를 거치도록 했다. 또한, AI 활용 기사는 독자가 이를 인지할 수 있도록 표시하게 했다.

개인정보 보호와 보안도 강화했다. AI 활용 시 개인정보 보호에 만전을 기하고, 민감한 정보나 기밀정보를 AI에 입력하지 않게 했다. AI 시스템의 보안 점검도 정기적으로 시행할 방침이다.

27

글로벌 AI 패권경쟁
미디어도 격변기

AI 패권경쟁과 지역 언론

중국 AI 기업 딥시크가 GPT-4급 AI 모델을 오픈소스까지 공개하며 AI 시장에 충격을 줬다. 중국은 AI 생태계 확장을 위해 BRICS 국가들과 협력하고, 미국은 AI 반도체 수출 규제와 데이터 접근 통제로 맞서고 있다.

AI가 미디어 생태계를 바꾸며 언론을 격변기를 맞이하고 있다. AI가 맞춤형 뉴스 추천과 속보 생산을 주도하면서 지역 언론의 독자 기반이 위협받고 있다. 광고 시장도 AI가 장악하며 기존 광고 수익 모델이 붕괴됐다.

한국은 반도체 강국이지만 AI 기반 미디어 산업은 뒤처졌다. AI 데이터 부족과 스타트업 경쟁력 약화가 문제다. 지역 언론은 자신들의 데이터를 AI 학습에 활용하며 데이터 주권을 확보해야 한다.

중국 GPT-4급 AI 오픈소스 공개 파장
뉴스 소비 AI 추천 시스템으로 급변
데이터 주권 확보 지역 언론 과제로

2025년 1월 20일, 중국 AI 기업 딥시크(DeepSeek)가 GPT-4급 AI 모델을 오픈소스로 공개했다.

기존 AI 모델보다 비용이 적게 들면서도 성능이 뛰어나 글로벌 AI 시장에 충격을 줬다. 미국 엔비디아, 오픈AI, 구글은 즉각 AI 기술과 데이터 접근을 강화하고 AI 반도체 수출 규제를 확대하며 견제에 나섰다.

미·중 AI 패권전쟁 격화

중국은 오픈소스 전략으로 AI 생태계 확장에 집중한다. 딥시크의 GPT-4급 AI 모델 공개로 AI 기술 접근성을 높였다. 또 BRICS(브라질, 러시아, 인도, 중국, 남아프리카공화국을 비롯한 남반구 세계) 국가들과 협력을 강화하며 AI 반도체 공동 개발과 AI 데이터 공유 네트워크 구축을

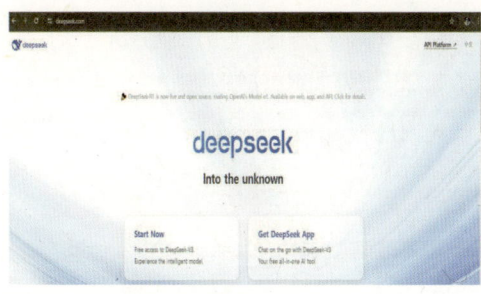

▲ AI 딥시크 웹버전 접속 화면.

추진한다.

미국은 견제에 나섰다. 지난해 10월 상무부는 엔비디아 H100·A100·L40S AI 반도체의 중국 수출을 금지했다. 오픈AI, 구글 등은 AI 오픈소스를 제한하고 글로벌 AI 데이터 접근도 통제한다.

이 같은 미·중 AI 패권경쟁은 단순한 기술 경쟁이 아니다. 데이터, 뉴스 유통, 광고 시장까지 AI 기반으로 재편되는 상황이다. AI 알고리즘이 뉴스 콘텐츠 생산과 유통을 주도하면서 기존 언론사와 AI 기업 간 힘의 균형이 깨지고 있다.

뉴스 소비 패턴의 구조적 변화

AI가 생성하는 뉴스량이 급증하면서 독자들의 뉴스 소비 방식이 근본적으로 바뀌고 있다. AI 알고리즘이 생성하고 추천하는 콘텐츠만을 보는 독자 비율이 크게 늘었고, 언론사 사이트 직접 방문은 급감했다.

AI는 독자의 관심사를 분석해 맞춤형 뉴스를 제공한다. 특히 AI 모델은 독자의 관심사를 실시간으로 분석해 최적화된 콘텐츠를 추천하는 기능이 뛰어나다. 뉴스 소비자들은 포털, SNS, AI 뉴스 앱이 추천하는 콘텐츠에 더 많은 시간을 할애한다.

이런 변화는 지역 언론의 독자 기반을 위협한다. 뉴스 정보 제공 속도가 빠르고 독자의 관심사에 최적화된 AI 뉴스가 늘어나면서, 지역 언

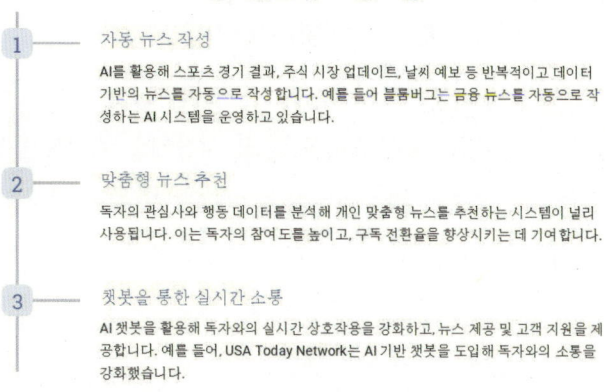

▲ AI를 활용해 뉴스 콘텐츠를 제작하는 국내외 사례가 늘고 있다(인천투데이 김갑봉).

론은 탐사보도와 심층 기사를 통해 신뢰도를 유지해야 하는 과제에 직면했다.

　AI 기반 속보성 기사는 물론 데이터 분석, 콘텐츠 요약, 기사 작성까지 AI가 수행하면서 기존 지역 언론의 경쟁력이 약화된다. 독자들은 AI가 제시하는 콘텐츠를 선호하고, 이는 지역 언론의 영향력 감소로 이어진다.

광고시장 재편과 수익구조 위기

AI 패권 경쟁은 광고 시장에도 직접적인 영향을 미친다. AI 기반 광고 추천 알고리즘이 광고 시장을 장악하면서 전통적인 광고 수익 모델이 무너지고 있다.

과거 지역 언론은 지면 광고와 인터넷 배너 광고를 주요 수익원으로 삼았다. 하지만 이제 AI 알고리즘이 독자의 관심사를 분석해 맞춤형 광고를 제공하는 방식으로 바뀌고 있다. AI 기업들은 뉴스 소비 데이터를 독점하면서 지역 언론이 직접 광고를 유치하기 어려운 구조를 만들고 있다.

이런 위기를 타개하기 위해선 지역 언론도 AI를 활용한 새로운 광고·구독 모델을 개발해야 한다. AI 기반 뉴스 추천 시스템을 도입해 독자의 뉴스 소비 패턴을 분석하고, 이에 맞춰 광고를 배치하는 방식이 필요하다.

한국 AI 미디어 생태계의 한계

한국은 반도체 강국이지만 AI 기반 미디어·콘텐츠 산업은 뒤처진다. 삼성전자와 SK하이닉스가 AI 반도체 시장을 주도하지만, AI 기반 콘텐츠 제작 인프라는 미흡한 실정이다. AI 반도체 산업과 미디어 AI 산업

▲ 챗지피티4o에서 만든 반도체 이미지(인천투데이).

간 불균형이 심각하다.

특히 한국어 AI 데이터가 부족하다. GPT-4급 초거대 AI 모델이 없고 한국어 자연어 처리 기술과 학습 데이터도 부족하다. 글로벌 AI 기업과 비교하면 한국 AI 스타트업의 기술력과 자금력도 취약하다.

AI 학습을 위한 한국어 데이터 수집과 가공, 자연어 처리 기술 개발이 시급하다. 이는 한국 AI 미디어 산업 발전의 핵심 과제다. AI 스타트업의 기술 혁신을 지원하고 투자를 확대하는 정책적 지원도 필요하다.

지역 언론과 AI 스타트업 간 협력 모델도 부재하다. AI 기반 콘텐츠를 공동 개발하고 데이터를 공유하는 협력 체계 구축이 필요하다. 기술 혁신과 함께 언론의 전문성을 결합한 새로운 미디어 생태계 조성이 절실하다.

데이터 주권 확보의 시급성

AI 패권경쟁이 심화되면서 데이터 주권의 중요성이 더욱 강조된다.

AI는 방대한 데이터를 학습해야 성능이 향상되는데, AI 모델이 학습하는 데이터가 특정 국가나 기업에 종속될 경우 AI 기술의 독립성이 위협받을 수 있다.

이에 따라 지역 언론도 자체적으로 데이터 주권을 확보해야 하는 과제가 생겼다. 지역 언론이 생성하는 뉴스 콘텐츠는 AI 학습용 데이터로 활용될 수 있으며, 이를 통해 AI 모델의 신뢰성을 높일 수 있다.

지역 언론은 AI 데이터센터와 협력해 데이터 아카이브를 구축하고, 지역 뉴스 데이터를 적극 활용하는 방안을 마련해야 한다. 지역 특성이 반영된 양질의 데이터를 확보하고 이를 AI 학습에 활용하는 것이 데이터 주권 확보의 핵심이다.

AI 시대
민주주의 수호가
언론의 핵심 가치

AI 시대, 민주주의와 언론

AI 기술이 뉴스 생산과 유통 방식을 변화시켜 지역 언론의 위기가 가속화되고 있다. 뉴스 이용자의 70% 이상이 AI 알고리즘이 추천하는 뉴스를 소비하며, 포털과 소셜미디어(SNS)가 뉴스 유통의 중심이 되면서 지역 언론의 영향력이 점차 감소하고 있다.

AI 시대에는 가짜 뉴스를 구별할 수 있는 AI 리터러시가 필수적이다. 딥페이크 기술로 인한 선거 조작, AI 기반 각종 사기, 딥페이크 불법 음란물 등이 민주주의를 위협하고 있다.

AI 시대에도 AI가 기자를 완전히 대체할 수는 없다. 속보성 기사는 AI가 작성할 수 있지만, 현장 취재, 탐사보도, 심층 인터뷰는 여전히 기자의 영역이다. 주요 언론사들은 AI를 협업 도구로 활용하면서 기자의 심층 보도를 강화하고 있다.

AI 기술 발전에 따라 데이터 주권, 표현의 자유, 개인 인격권 보호를 위한 법적 대응도 필요하다. AI 시대에 맞는 기본권 보호와 알고리즘 투명성을 보장하는 헌법 개정이 시급하다.

AI 알고리즘이 지배하는 뉴스 세상
민주주의 수호자로서 지역 언론 역할 부각
가짜 뉴스·정보 왜곡 대응 능력 갖춰야

AI 기술이 뉴스 생산과 유통 방식을 변화시키면서 지역 언론의 위기가 가속화된다. AI 기반 뉴스 자동화가 보편화되고, AI 알고리즘에 의해 뉴스 소비가 결정되는 시대가 됐다. 하지만 AI 시대에도 기자와 지역 언론의 역할은 사라질 수 없다.

AI가 바꾸는 뉴스 세상

한국언론진흥재단이 2024년 1월 발표한 '2023 언론 수용자 조사보고서'를 보면 국내 뉴스 이용자의 70% 이상이 AI 기반 알고리즘이 추천하는 뉴스를 소비한다. 신문·방송 등 전통 미디어 의존도는 급격히 감소했다.

포털사이트와 소셜미디어(SNS)가 뉴스 유통의 중심이 되면서 지역 언론의 뉴스가 독자에게 도달하기 어려운 구조로 변했다. AI 알고리즘에 의해 뉴스 소비가 결정되면서 포털 메인에 노출되지 않으면 뉴스 소비량이 급감한다.

독자의 뉴스 소비 방식이 텍스트에서 영상으로 변화해 전통적 기사 형태만으로는 경쟁력이 약화된다. 뉴스 소비의 중심이 포털과 SNS로 이동하면서 지역 언론의 광고 수익도 급격히 감소했다.

AI는 독자의 관심사를 분석해 맞춤형 뉴스를 제공한다. 특히 AI 모델은 독자의 관심사를 실시간으로 분석해 최적화된 콘텐츠를 추천하는 기능이 뛰어나다. 뉴스 소비자들은 포털, SNS, AI 뉴스 앱이 추천하는 콘텐츠에 더 많은 시간을 할애한다.

AI 기반 속보성 기사는 물론 데이터 분석, 콘텐츠 요약, 기사 작성까지 AI가 수행하면서 기존 지역 언론의 경쟁력이 약화된다. 독자들은 AI가 제시하는 콘텐츠를 선호하고, 이는 지역 언론의 영향력 감소로 이어진다.

AI 리터러시가 핵심 경쟁력

AI가 제공하는 정보를 올바르게 이해하고 가짜 뉴스를 구별할 수 있는 능력(AI 리터러시)이 필수적인 시대가 됐다. AI는 방대한 데이터를 학습해 기사를 생성하지만, 출처가 불분명하거나 맥락을 잘못 해석하는 경우가 빈번하다.

영국 BBC는 'AI 뉴스 판별법'을 교육하는 디지털 미디어 리터러시 프로그램을 운영하고 있다. 독자들이 AI가 생성한 뉴스를 올바르게 판단할 수 있도록 지역 언론이 AI 리터러시 교육을 주도해야 한다.

▲ AI 시대 AI 리터러시의 중요성을 강조하는 이미지(챗지피티4o에서 생성, 인천투데이 김갑봉).

　AI 뉴스 추천 시스템이 특정 정치적 성향이나 기업 이익에 유리한 기사만 제공할 가능성도 있다. 2020년 미국 대선 당시 페이스북과 유튜브의 AI 알고리즘이 허위정보를 확산시키는 데 기여했다는 연구 결과도 나왔다.

　AI가 기사를 작성할 수 있지만 팩트체킹이 되지 않은 상태에서 잘못된 정보를 확산할 위험이 크다. 2023년 구글의 AI 기반 뉴스 요약 시스템이 사실과 다른 내용을 포함한 뉴스 요약을 제공해 논란이 된 바 있다.

민주주의를 위협하는 AI 기술

AI 기술은 뉴스 생산과 유통, 선거, 정책 결정 과정에 깊이 개입하면서 정보 왜곡과 정치적 조작 위험을 키운다. 구글, 페이스북, 네이버, 카카오 같은 대형 IT 기업이 AI 뉴스 추천 알고리즘을 독점적으로 운영한다.

AI는 SNS와 포털사이트에서 유권자들의 행동 패턴을 분석해 맞춤형 정치 광고를 제공할 수 있다. 2016년 미국 대선 당시 페이스북과 캠브리지 애널리티카는 AI를 활용해 유권자들의 정치 성향을 분석하고 맞춤형 선거 메시지를 노출해 논란이 됐다.

딥페이크와 선거 조작 위험

딥페이크 기술이 발전하면서 정치인들의 음성과 영상을 조작해 허위 정보를 확산시키는 사례도 늘어난다. 2023년 타이완 입법원(=국회) 선거에서는 AI

▲ 2024년 11월 인천에서 기초의원을 상대로 '딥페이크' 이미지를 생성한 뒤, 협박해 7000만원을 요구하는 사례도 있었다(챗GPT에서 이미지 생성, 인천투데이).

가 생성한 가짜 연설 영상이 유권자들에게 퍼져 문제가 됐다.

AI 기반 가짜 뉴스는 단순한 조작을 넘어 민주주의를 직접적으로 위협하고 있다. 2024년 대한민국 22대 국회의원 총선거를 앞두고, 중앙선거관리위원회는 AI 딥페이크 기술을 활용한 조작된 선거 홍보물 120건 이상을 적발했다. 특정 후보자의 얼굴과 음성을 조작한 허위 발언 영상이 SNS를 통해 확산되면서 유권자들의 혼란을 초래했다.

가짜 뉴스와 범죄의 진화

▲ 무안국제공항 제주항공 7C2216편 B737 800 항공기 참사 관련 극우세력 가짜 뉴스를 고발한 '쩌날리즘'의 보도 화면.

또한 AI 기반 투자 사기 광고도 사회적 문제로 떠오르고 있다. 유명 배우의 얼굴과 목소리를 합성한 가짜 투자 광고가 유튜브에서 퍼지면서 다수의 피해자가 발생했다. AI를 활용한 정보 조작이 선거뿐만 아니라 경제적 피해까지 야

기하는 수준에 이르렀다.

가장 심각한 문제는 AI 기술을 악용한 딥페이크 음란물이다. 텔레그램과 SNS를 통해 AI로 합성된 불법 음란물이 빠르게 유포되면서 피해자들이 심각한 정신적 충격을 받고 있다. 심지어 '경찰 수사해도 걸리지 않는다'는 식의 교묘한 범죄 수법까지 등장하면서 법적 규제의 실효성 문제도 제기된다.

미국발 가짜 뉴스의 확산

AI 기반 가짜 뉴스의 위험성은 한국뿐만 아니라 미국에서도 심각하게 나타나고 있다. 2024년 5월, AI로 생성된 '펜타곤 폭발' 이미지가 SNS를 통해 확산됐다. 해당 이미지는 실제 사건이 아닌 조작된 것이었지만, 단 몇 시간 만에 글로벌 금융 시장에 영향을 미쳤고, 미 증시는 한때 급락했다.

2024년 미국 대선에서는 AI를 활용한 가짜 이미지와 음성이 대거 등장했다. 도널드 트럼프 전 대통령의 지지자들은 흑인 유권자들의 지지를 얻기 위해 AI로 생성된 가짜 사진을 유포했고, 반대로 조 바이든 대통령의 가짜 음성 파일이 만들어져 유권자들을 혼란스럽게 했다. AI 기술이 선거 여론 조작에 악용될 가능성이 커지면서 미국 선거관리위원회는 관련 규제 강화를 검토 중이다.

AI를 이용한 대량 가짜 뉴스 자동화도 미국에서 큰 문제로 떠오르고 있다. 뉴스 애플리케이션 '뉴스브레이크(NewsBreak)'는 AI를 통해 허위 기사를 대량 생성하고 이를 유포한 것으로 알려졌다. AI가 자동으로 뉴스를 작성하고 이를 허위 사실로 포장해 유포하면서 언론의 신뢰성이 하락하는 문제가 발생했다.

AI 기술이 가짜 뉴스, 선거 조작, 딥페이크 범죄 등에 악용되면서 민주주의와 시민의 권리가 심각한 위협을 받고 있다. AI 시대의 지역 언론은 단순한 정보 제공을 넘어, 가짜 뉴스를 검증하고 AI 조작에 대응하는 저널리즘 역할이 더욱 중요해졌다.

AI와 공존하는 지역 언론의 미래

AI가 기자를 대체하는 것이 아니라 협업 도구가 돼야 한다. AI는 속보 기사, 기업 실적 분석, 스포츠 경기 결과 등 정형화된 정보를 빠르게 작성할 수 있다. 하지만 현장 취재, 탐사보도, 인터뷰 기반 심층 기사는 AI가 수행할 수 없다.

뉴욕타임스와 로이터는 AI를 활용해 데이터 분석을 강화하면서도 기자들의 심층 보도를 강화한다. BBC와 AP통신은 AI가 작성한 기사는 반드시 기자가 검토한 후 보도하는 원칙을 유지한다.

AI를 활용한 데이터 저널리즘도 강화되고 있다. AI는 대량의 데이터

AI시대 기자들의 역할 변화

스트레이트 속보 기사 작성
신속하고 정확한 정보 전달

심층 기사 작성
깊이 있는 분석과 통찰 제공

영상 뉴스 제작
멀티미디어 콘텐츠 생산

3년차 기자들은 이러한 다양한 역할을 수행해야 합니다. 인공지능을 활용하면 이러한 업무를 더욱 효율적으로 처리할 수 있습니다.

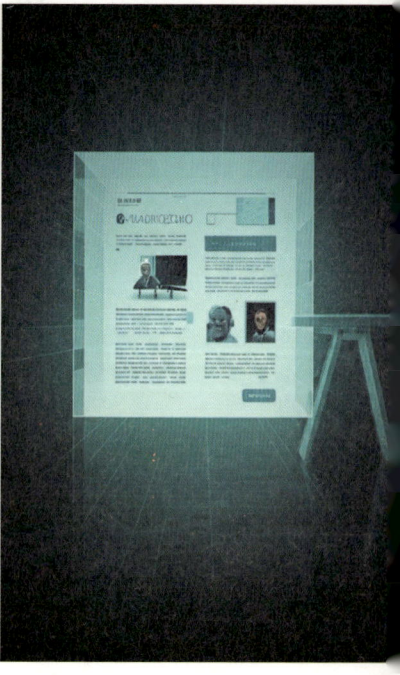

▲ AI 시대 기자들의 역할 변화(인천투데이 김갑봉).

를 빠르게 분석하는 능력이 뛰어나므로 탐사보도와 심층 분석에 활용될 수 있다. 환경 변화 데이터 분석, 선거 여론 흐름 분석, 지역 경제 동향 분석 등에서 AI를 효과적으로 활용할 수 있다.

AI와 기자의 협력은 더욱 강화될 것이다. AI가 단순 반복 업무를 자동화하는 동안 기자들은 심층 취재와 AI를 활용한 데이터 분석에 집중할 수 있다. AI가 생성한 뉴스도 반드시 기자의 검토를 거쳐 신뢰성을 확보해야 한다.

AI 시대에도 기자는 단순한 정보 제공자가 아니라 진실을 밝히고 권력을 감시하며 시민들에게 필요한 정보를 전달하는 역할을 수행해야 한다. AI가 모든 뉴스를 만들 수 있는 시대, 진짜 저널리즘이 무엇인지 증명하는 것은 기자의 몫이다.

AI 시대, 헌법 개정으로 기본권 보장해야

앞서 얘기한대로 AI 기술이 범용으로 개인 도구로 급속도로 발전하면서 민주주의와 기본권 보호를 위한 법적 대응이 시급해졌다. 유럽연합(EU), 독일, 미국 등은 AI가 시민의 권리를 침해하지 않도록 관련 법안을 정비하고 있다. 그러나 한국은 아직 AI 관련 법적 대응이 미흡하다.

AI 기술이 선거, 노동시장, 표현의 자유, 저작권에 미치는 영향이 커지면서 헌법을 개정해 AI 시대에 부합하게 국민의 기본권을 보장해야 한다는 요구가 커지고 있다.

AI 시대, 헌법 개정이 필요한 이유

AI 기술이 사회 전반에 깊숙이 개입하면서 기존 법체계로는 규제에 한계가 있다. AI는 뉴스를 비롯한 디지털 콘텐츠의 생산과 유통을 자동화하고, 정치 광고와 선거 개입에 활용되며, 노동시장을 변화시키고 있다. 이 과정에서 데이터 주권, 표현의 자유, 개인 인격권, 노동권, 저작권 보호 등 기본권이 위협받고 있다.

데이터 주권과 기본권 보호, 헌법 개정의 핵심 과제

한국에서도 AI 기술이 확산되면서 데이터 주권과 기본권 보호를 위한 법적 대응이 필수적이다. 현재 AI 기업들은 방대한 데이터를 학습해 콘텐츠를 생성하고 있지만, 사용자의 동의 없이 데이터를 활용하는 경우가 많다. AI가 대량의 데이터를 학습하면서 개인정보와 저작권이 무단 사용되는 사례가 증가하고 있다.

AI 기본권 보장을 위한 헌법 개정 방향

AI 시대에 맞춰 헌법을 개정할 경우, 다음과 같은 조항이 포함돼야 한다.

AI가 기본권을 침해하지 못하게 보호 장치를 마련해야 한다. 프랑스와 독일은 AI가 프라이버시, 표현의 자유, 노동권을 침해하지 못하게 헌법 개정을 추진 중이다. 한국도 AI 기술 발전에 따른 기본권 보호 조항을 헌법에 명시해야 한다.

AI 알고리즘 투명성도 확보해야 한다. AI가 뉴스를 추천하거나 선거 정보를 제공하는 과정에서 편향되지 않게, AI 알고리즘의 투명성을 보장하는 원칙을 헌법과 법률 등에 포함해야 한다.

데이터 주권 보호 조항 신설도 필요하다. AI가 개인정보와 뉴스 데이터를 무단 학습하지 못하게 '데이터 주권' 개념을 헌법에 반영해야 한다.

AI 기술의 윤리적 활용 원칙도 수립해야 한다. AI가 허위 정보를 생산하거나 선거 개입, 가짜 뉴스 조작에 활용되지 않게 윤리적 활용 기준을 헌법과 법률에 반영해야 한다.

AI 시대, 헌법 개정으로 민주주의 보호를

AI 기술이 사회 곳곳에 영향을 미치면서, 민주주의와 기본권 보호를 위한 법적 대응이 필수적이다. 한국은 AI 관련 법적 대응이 미흡한 상태다. 헌법 개정 논의가 이뤄지고 있는 만큼 이참에 헌법에 AI 기본권 보호 조항을 마련해야 한다.

구체적으로 ▲AI가 노동권, 표현의 자유, 프라이버시를 침해하지 않게 법적 보호 장치를 마련하고 ▲AI가 뉴스 유통과 정치 과정에 개입하는 것을 방지하기 위해 AI 알고리즘의 투명성을 보장해야 하며 ▲AI가 개인정보와 콘텐츠 데이터를 무단 학습하는 것을 방지하기 위해 데이터 주권 보호 조항을 헌법에 명시해야 한다.

　AI 시대에도 민주주의와 기본권을 보호하는 것은 헌법의 역할이다. 한국 역시 AI 기술 발전에 맞춰 헌법을 개정하고, AI의 윤리적 활용을 법적으로 규정할 때가 됐다.

참고문헌

- 연합뉴스 (2024.2.19.), "총선 앞두고 금지된 딥페이크 선거 게시물 활개"
- 한국경제 (2024.2.22.), "당했구나…송혜교·조인성 영상 믿었는데 수백억 뜯겼다"
- 인천투데이 (2024.8.26.), "'경찰 수사해도 걸리지 않는다'… AI 딥페이크 불법 합성물 유포 확산"
- 한겨레 (2024.5.10.), "AI가 만든 가짜뉴스, 펜타곤 폭발 조작 이미지 확산"
- BBC 코리아 (2024.3.15.), "AI 활용한 가짜뉴스, 미국 대선 여론 조작 가능성 커져"
- AI Times (2024.4.2.), "AI가 만든 가짜뉴스, 언론 신뢰도 저하 초래" ·
- European Commission AI Act (2023)
- German Constitutional Court AI Report (2023)
- US Federal Trade Commission AI Guidelines (2023)
- German Data Sovereignty Act (2023)
- European Commission AI Ethics Guidelines (2023)
- French Ministry of Justice AI Report (2023)

인천투데이 AI 활용 윤리와 보도준칙

AI 활용 윤리와 보도준칙

전문

(주)인천투데이는 지역 정치·행정과 시장·사회 권력에 대한 감시와 비판, 건강한 지역 문화와 공동체 형성을 위해 책임과 역할을 다할 것을 다짐한다. 생성형 인공지능(이하 'AI') 기술의 발전에 따른 저널리즘의 변화에 대응하고자 유선전화을 제정한다. 유선전화은 AI 기술을 활용하면서도 언론의 공익적 기능과 신뢰성을 유지하기 위한 지침이다

제1조 [기본 원칙]

인천투데이의 모든 미디어 콘텐츠는 AI 활용 여부와 관계없이 편집규약과 윤리에 부합해야 한다.

AI는 인간 기자 또는 PD를 대체하는 것이 아니라 기자 또는 PD의 역할을 보조하고 확장하는 도구로 활용할 수 있다.

AI 활용 시에도 정확성, 공정성, 독립성, 인권 존중 등 저널리즘의 기본 가치를 준수하기 위해 노력해야한다.

제2조 [AI 활용 범위]

1. AI는 다음과 같은 영역에서 활용할 수 있다

가) 아이디어 추출, 정보 검색 등 기획과 자료 조사

나) 문장이나 이미지 생성, 제목 추출, 요약, 번역 등 미디어콘텐츠 제작

다) 미디어콘텐츠 분류, 연관콘텐츠 검색, 오탈자 체크 등 미디어콘텐츠 제작의 보조 기능

라) 미디어콘텐츠 이용자 개인화 서비스 제공

날씨, 스포츠, 재난, 금융 등 미디어콘텐츠에서 데이터 또는 사실만을 전달하는 경우, AI의 자동 생성 내용을 사용할 수 있다.

현장 보도를 위한 사진·오디오·영상에 AI를 이용해 어떤 요소를 추가·삭제해서는 안 된다. 단, 인포그래픽 등 필요한 경우 AI로 현장을 재구성할 수 있으나, 이것이 현실을 기록한 것으로 오인되지 않게 노력해야 한다.

제3조 [인간의 감독]

AI 생성물은 검증되지 않은 정보로 간주하며, 기자 또는 PD가 사실 확인을 위해 노력해야 한다.

심층 분석 미디어콘텐츠 등 주요 미디어콘텐츠는 반드시 인간 기자 또는 PD에 의한 검토와 편집을 거쳐야 한다.

AI 생성물의 저작권 침해 여부를 확인하기 위해 노력한다.

제4조 [투명성]

AI 기술을 문장이나 이미지 생성, 제목 추출, 요약, 번역 등 미디어콘텐츠

제작에 활용한 경우 이 사실을 독자가 인지할 수 있게 노력한다.

AI 활용을 표시할 경우 해당 기술이 미디어콘텐츠의 신뢰성과 품질에 미치는 영향을 명확하게 설명할 수 있게 노력한다.

기획, 자료조사, 오탈자 확인 등 보조적 도구로 AI를 활용한 경우나 기자 또는 PD 바이라인을 넣지 않을 정도의 작업인 경우 이를 밝히지 않을 수 있다.

AI 활용 공개 여부는 데스크(팀장 이상)가 최종 판단할 수 있다. 판단이 어려운 경우 윤리위원회에 자문을 구할 수 있다.

제5조 [공정성과 다양성]

AI 생성물이 편향과 차별, 혐오를 포함할 수 있음을 유념하고, 이를 방지하기 위해 노력한다.

AI 활용 미디어콘텐츠 제작에 다양한 이해관계자의 시각이 반영되게 하며, 소수 집단의 목소리가 배제되지 않게 주의한다.

제6조 [개인정보 보호와 인권 존중]

AI 활용 시 개인정보 보호에 만전을 기하며, 민감한 개인정보나 기밀정보를 AI에 입력하지 않아야 한다.

AI 활용한 미디어콘텐츠가 타인의 명예, 초상권, 프라이버시권 등 인격권을 침해하지 않아야 한다.

AI를 이용한 개인화 서비스 제공 시 이용자의 개인정보 보호를 최우선하고, 서비스 이용 선택권을 제공할 수 있게 한다.

제7조 [오류 수정 책임]

AI 활용 미디어콘텐츠 제작 과정에서 오류가 발견되면 일반적인 기사와 동일한 절차에 따라 신속히 정정하고 공지한다.

AI 활용으로 인한 문제에 대해 인천투데이가 최종적인 책임을 진다.

인천투데이가 개발한 AI 알고리즘이나 데이터에 오류나 편향이 발견될 경우 이를 수정할 수 있는 절차를 마련한다. 이 절차에는 기술 검사, 전문가 검토, 사용자 피드백 수집이 포함될 수 있다.

제8조 [보안]

AI 개발사 등 협력업체에 개인정보나 기밀이 유출되지 않게 보안 대책을 적용한다.

AI 시스템의 보안을 정기적 또는 부정기적으로 점검하고, 필요시 즉각적인 조치를 취한다.

제9조 [교육과 훈련]

AI 기술의 효과적인 활용과 잠재적인 위험에 대응하기 위해 정기적인 교육과 훈련을 실시할 수 있다.

AI 윤리와 관련한 최신 동향을 지속적으로 모니터링하고, 필요시 본 강령을 개정할 수 있다.

제10조 [윤리위원회]

AI 활용에 따른 윤리적 문제를 다루기 위해 기존 윤리위원회의 역할을 확대할 수 있다.

윤리위원회는 AI 활용 관련 중요 사안에 대해 자문하고 결정할 수 있다.

제11조 [실험적 사용]

미디어콘텐츠 제작 목적이 아닌 다양한 실험을 위해 AI를 사용할 경우에도 법적·윤리적 기준을 준수하기 위해 노력해야 한다.

실험 목적의 AI 사용 결과를 공개할 경우, 그 목적과 한계를 포함할 수 있다.

제12조 [적용과 개정]

본 강령은 인천투데이의 모든 구성원에게 적용된다.

본 강령의 개정은 편집국 총회, 윤리위원회, 그리고 AI 전문가의 의견을 수렴해 이루어진다.

본 강령과 준칙의 개정은 윤리위원회와 AI 전문가의 의견을 수렴해 편집국 총회에서 결정한다.

부칙

이 준칙은 2024년 9월 11일부터 시행한다.

제정 2024년 9월 11일
개정 2024년 11월 20일

에필로그

발로 뛰며
시민과 호흡하는 언론

 지난 2022년 7월 편집국 총회와 대표이사의 임명을 거쳐 〈인천투데이〉 편집국장이 됐다. 〈인천투데이〉는 2003년 10월 15일 창간한 〈부평신문〉에 그 뿌리를 두고 있다. 사업자번호는 그때 그대로다.
 〈인천투데이〉는 서울 중심의 소식이 아닌, 인천 시민이 살고 있는 지역의 소식과 주민의 이야기를 담아내며 언론 본연의 역할을 다하기 위해 태어났다.
 정치·시장·사회 권력에 대한 견제와 감시, 국민의 알권리 보장, 지식정보사회에 정보의 사각지대 해소, 그리고 사회적 약자를 대변하며 공론의 장을 형성해 건강한 공동체 사회를 만들어가는 데 기여하는 것. 그것이 창간 때부터 지금까지 〈인천투데이〉가 지켜온 가치다.

이러한 뜻에 동의한 시민 1000여명이 2002년 '시민주주'로 창간에 힘을 보탰다. 창간 당시 슬로건은 "부평이 하고 싶은 말, 부평이 만들고 싶은 세상"이었다. 2013년 〈시사인천〉으로 변경하며 "인천이 하고 싶은 말, 인천이 만들고 싶은 세상"으로 확장되었고, 다시 2019년 "인천이 눈으로 세상을 보겠다"며 〈인천투데이〉로 제호를 바꿨다.

중앙집권 산업화 사회에서 분권 지식정보 사회로 변화하면서 시민의 요구는 점점 다양해지고 고도화되고 복잡해졌다. 〈인천투데이〉가 목표로 하는 저널리즘 본연의 역할 수행과 풀뿌리 지방자치와 지방분권 견인, 그리고 건강한 공동체 형성이라는 목표도 훨씬 더 복잡한 도전에 직면하고 있다.

그럼에도 〈인천투데이〉는 흔들리지 않는다. 우리는 진보적 가치를 추구한다. 일하는 사람들이 존중받는 사회, 사회적으로 생산한 부를 정의롭게 두루두루 고루고루 나누는 사회, 차별 없이 공정하고 정의로운 사회, 기후위기를 극복하는 사회, 직접민주주의가 확대되는 사회를 꿈꾼다.

경제 민주화와 보편적 복지 확대, 조국의 평화통일, 다양성을 품을 수 있는 정치 개혁, 중앙에 집중된 권력을 과감히 이양하는 지방분권, 계층 간, 세대 간, 젠더 간 갈등을 관리하고 통합할 수 있는 사회를 지향한다.

이러한 가치를 실현하는 데 뜻을 함께하는 시민사회단체와 연대해 의제를 생산하고 공론의 장을 형성하며, 우리 사회가 한 뼘이라도 조금씩 더 나은 방향으로 나아가는 데 밑알이 되고자 한다.

인공지능시대 그래도 결국엔 다 사람이 하는 일이라고 생각한다. 혼자 가지 않겠다. 〈인천투데이〉 구성원은 물론 인천시민, 대한민국 국민 여러분과 같이 호흡하고 공감하며 살아갈 것이다.

머리 좋은 게 마음 좋은 것만 못하고, 마음 좋은 게 손 좋은 것만 못하며, 손 좋은 것이 발 좋은 것만 못하다는 말처럼, 머리에서 발로 가는 여정이 가장 어렵다. 그러나 언론인은 발로 뛰는 사람이다.

〈인천투데이〉는 진보적 가치를 지향하는 시민과 시민사회단체와 연대하며 발로 뛰는 언론이다. 정론(政論)으로 직필(直筆)하되, 섣불리 의견을 앞세우지 않고 진실과 사람 앞에 겸손하겠다. 앞으로도 〈인천투데이〉에 관심과 격려, 그리고 담금질을 부탁한다.

　이 책은 독일의 언론과 민주주의를 통해 AI 시대 한국 언론의 길을 모색하며, 지방분권과 권력구조 개편이라는 시대적 과제를 고찰하고 있다. 독일의 공영방송 모델과 연방제 사례, 지방분권과 지역 언론의 역할은 한국 언론과 사회에 중요한 시사점을 제공한다. 동시에 〈인천투데이〉가 걸어온 길과 맞닿아 있다.

　2003년 창간 이후 우리는 줄곧 지역의 목소리를 담아내고 사회적 약자를 대변하며 건강한 공동체 형성을 위해 발로 뛰어왔다. 앞으로도 정론과 직필로 한국 사회가 두루두루, 고루고루 잘사는 방향으로 나아가는 데 힘을 보탤 것이다.

　아울러 이 책이 나오기까지 도움을 주신 한국언론진흥재단과 〈인천투데이〉 구성원들, 그리고 이 여정을 함께해 주신 모든 분들께 깊은 감사를 전한다.

　끝으로 책이 나오기를 물심양면 응원해 준 이선영 화백과 묵묵히 지켜봐 주신 부모님께 고맙습니다. 건강하고 평안하시길 바랍니다. 사랑합니다.

AI시대, 봉기자가 본
독일 언론과 민주주의

지은이   김갑봉
펴낸곳   인천투데이 출판부
발행일   2025년 3월 31일
주 소   인천광역시 남동구 예술로 138 이토타워 5층
전 화   032-508-4346
편집·인쇄 디자인센터산 032-424-0773

ⓒ 2025 김갑봉

※이 책의 저작권은 지은이와 인천투데이에 있으며 무단 전재와 복제를 금합니다.
※이 책에 수록된 사진이나 일러스트 자료는 지은이가 직접 촬영했거나 개별적으로 사용 허가를 얻은 것입니다.
※정가는 뒤표지에 있습니다.

ISBN 979-11-989271-0-1 (03070)